LE CORDON BLEU

TÉCNICAS CULINARIAS

# PASTELES Y REPOSTERÍA

Le Cordon Bleu

# Técnicas culinarias
# PASTELES Y REPOSTERÍA

Jeni Wright y Eric Treuillé

BLUME

BLUME

Título original:
*Le Cordon Bleu Techniques and Recipes:*
*Pastry, Cakes & Biscuits*

**Traducción:**
Rosa Cano Camarasa

**Revisión técnica de la edición en lengua española:**
Ana M.ª Pérez Martínez
Especialista en temas culinarios

**Coordinación de la edición en lengua española:**
Cristina Rodríguez Fischer

*Primera edición en lengua española 1999*

*(Obra completa: Le Cordon Bleu - Guía Completa de las Técnicas Culinarias)*


Av. Mare de Déu de Lorda, 20
08034 Barcelona
Tel. 93 205 40 00 Fax 93 205 14 41
E-mail: info@blume.net


I.S.B.N.: 84-89396-30-2
Depósito legal: B. 26.160-1999
Impreso en Edigraf, S. A., Montmeló (Barcelona)

# Contenido

# PASTA QUEBRADA

La pasta quebrada es una pasta suntuosa, la más sencilla y versátil de todas. En francés se llama *pâte brisée* y se utiliza para flanes, tartas, *quiches* y empanadas. También es apropiada para tartaletas y para obtener toques decorativos. Si se le añade azúcar se llama *pâte sucrée*.

### PASTA QUEBRADA Y PASTA AZUCARADA

*200 g de harina tamizada*
*1 cucharadita de sal*
*100 g de mantequilla sin sal, cortada en cubitos*
*1 huevo*
*unas 2 cucharaditas de agua*

Mezcle la harina y la sal. Añada la mantequilla. Agregue el huevo y el agua. Forme una bola y enfríela 30 minutos. Para unos 400 g de masa.

Para la pasta quebrada azucarada añada 1 cucharadita de azúcar con la sal.

#### TRUCOS DE COCINERO

### UTILIZACIÓN DE UN MEZCLADOR DE MASA

La pasta quebrada inglesa es diferente de la francesa. Se prepara con cantidades iguales de mantequilla y manteca y el doble de harina. Para cortar la grasa y al mismo tiempo airearla, va bien un utensilio especial denominado mezclador de pasta formado por unos alambres duros sujetos a un asa.

## PREPARAR LA PASTA QUEBRADA

La pasta quebrada para preparaciones saladas y la pasta quebrada azucarada para postres se hacen de la misma manera. Para obtener mejores resultados, mantenga los utensilios y los ingredientes fríos y manipule la pasta el mínimo posible. Forme una bola con la pasta y póngala en la nevera durante 30 minutos para que repose, para evitar que se encoja al hornearla.

1 Tamice la harina sobre un cuenco grande. Así la pasta se aireará y obtendrá una pasta quebrada ligera y crujiente. Añádale sal.

2 Agregue la mantequilla incorporándola con los dedos hasta que la mezcla tenga un color uniforme y parezca pan rallado.

3 Sacuda el recipiente para asegurarse de que toda la mantequilla se ha incorporado y haga un hueco en el centro.

4 Bata ligeramente el huevo en otro cuenco y viértalo en el hueco.

5 Trabaje la mezcla con una rasqueta para pasta y añada agua si fuese necesario, 1 cucharadita cada vez, hasta que la masa empiece a unirse.

6 Una la masa con las manos, póngala sobre una superficie lisa y haga una bola. No trabaje la masa en exceso o la pasta quebrada quedará dura.

## ENFONDAR UN MOLDE

*Para evitar que la pasta quebrada se encoja al hornearla, no estire la masa cuando la extienda y la coloque en el molde y enfríe el molde en la nevera como mínimo 30 minutos.*

1 Extienda la pasta formando un círculo 5 cm más grande que el molde y enróllela a su alrededor. Desenróllela sin tensarla.

2 Utilice una pequeña bola de masa sobrante para presionar la masa contra la base y las paredes del molde.

3 Pase el rodillo apretándolo con fuerza sobre el molde para cortar la pasta sobrante.

## HORNEAR A CIEGAS

*Los fondos de pasta quebrada para flanes,* quiches, *tartas y tartaletas se tienen que hornear completamente si el relleno no se ha de cocinar, o parcialmente si el tiempo de cocción del relleno es corto. A esta técnica para hornear la pasta vacía se la denomina «hornear a ciegas».*

1 Pinche la base de la pasta para que el aire pueda escapar durante el horneado. Fórrela con papel sulfurizado, llénela de legumbres y hornéela a 180 °C de 10 a 15 minutos.

2 Cuando la pasta quebrada esté cocida y el borde dorado, quite el papel y las legumbres y hornéela 5 minutos más o hasta que adquiera un color marrón claro. Déjela enfriar sobre una rejilla.

### PESO PARA HORNEAR

Cuando la masa se hornea sin relleno, para que no suba y le salgan burbujas se le ha de poner algún tipo de peso por encima. Ponga un trozo de papel sulfurizado sobre la base un poco más grande que el molde, llénelo con una capa uniforme de legumbres o bolitas de porcelana o metálicas especiales para hornear, o incluso arroz; todo se puede volver a utilizar.

## PREPARAR TARTALETAS

*Cuando la pasta se hornea sin un relleno, es más fácil ponerle otro molde por encima como contrapeso que rellenar cada molde individual con papel y legumbres.*

1 Enfonde un molde para tartaleta con la pasta y recórtela. Coloque otro molde dentro, apriételo suavemente hacia abajo para asegurar la pasta. Hornee a 180 °C, 10 minutos. Quite el molde superior y hornee la pasta 5 minutos más hasta que adquiera un color marrón claro.

2 Desmolde la pasta quebrada y déjela enfriar. Rellénela de crema pastelera (*véase* página 39), cubra ésta con frutas frescas y pincele con un glaseado de frutas (*véase* página 31).

## EMBUDO PARA EMPANADAS

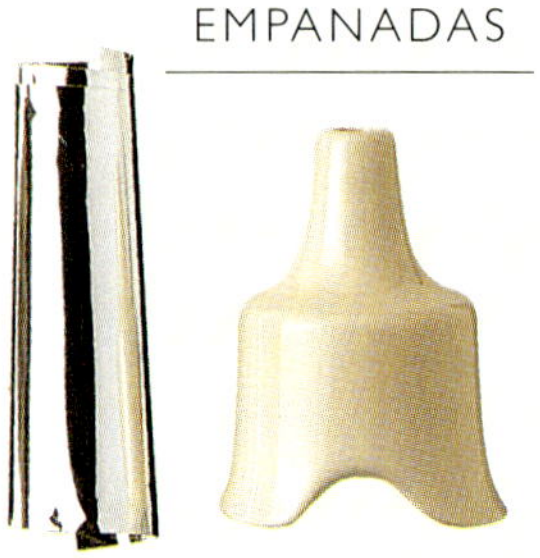

Los embudos sirven de soportes para la pasta y permiten que escape el vapor. Utilice un embudo de cerámica decorativo que se suele fabricar con forma de pájaro o uno hecho con papel de aluminio.

## PREPARAR UNA EMPANADA

*Las empanadas dulces y saladas que se hornean en fuentes hondas se suelen cubrir con una capa de pasta quebrada. Para que la pasta permanezca en su sitio y no caiga dentro del relleno durante la cocción, se pone alrededor del molde una tira doble de pasta. Para que tenga más estabilidad se coloca un embudo para empanadas (véase recuadro, izquierda) en el centro del relleno como soporte de la pasta.*

1 Extienda la pasta hasta formar un círculo 2,5-5 cm más grande que el molde. Invierta el plato sobre el centro de la pasta. Corte la pasta alrededor del borde del plato. Corte la pasta sobrante.

2 Con una cuchara, ponga el relleno frío alrededor del embudo. Humedezca el borde del plato con un pincel mojado con agua; ponga la tira de pasta encima y apriétela. Pincélela con agua.

3 Enrolle la pasta en el rodillo y con cuidado desenróllela encima del plato. Apriétela contra el reborde de pasta. Corte la pasta sobrante alrededor del borde del plato con un cuchillo.

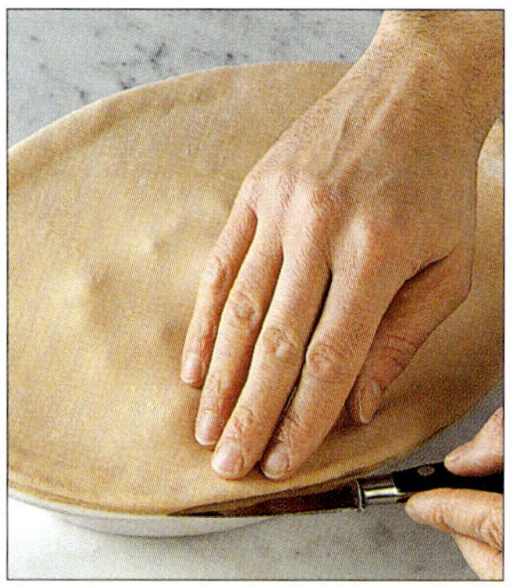

4 Apriete ligeramente el borde con los dedos y dé suaves golpes con el canto de la hoja del cuchillo a los bordes de la pasta para hacer unas ondas.

5 Con un cuchillo enharinado haga pequeñas marcas de 1 cm. Haga un agujero alrededor del embudo y pincele la pasta con una mezcla de yema de huevo y agua (*véase* página 43).

## PREPARAR UNA EMPANADA CON DOS CAPAS DE PASTA QUEBRADA

*Las empanadas que se hornean en platos o moldes poco profundos se suelen hornear con dos capas de pasta quebrada, una por debajo del relleno y otra por encima. Para evitar que la capa inferior se ablande, pincélela con un poco de clara de huevo ligeramente batida antes de poner el relleno y utilice fruta fuerte y no muy jugosa, como el ruibarbo de la fotografía.*

1 Extienda la mitad de la pasta y enfonde el recipiente. Con el dedo índice, apriete la pasta contra éste, cuidando de no estirarla. Recorte la pasta sobrante.

2 Ponga el relleno frío. Extienda la pasta restante formando un círculo un poco más grande que el recipiente y enróllela en el rodillo. Desenrolle la pasta sobre el relleno. Recórtela y presione bien sobre los bordes; haga en la tapa unos respiraderos para el vapor y glaséela (*véase* paso 5, superior).

## BORDES DECORATIVOS

*Las tartas y empanadas de todo tipo quedan muy atractivas con un borde decorado con motivos hechos con recortes de pasta o con otra capa de pasta. Estos motivos se pueden añadir sobre el borde exterior de la tarta o sobre su superficie. Enharínese los dedos para que le sea más fácil manejar la pasta y aplique un glaseado de yema de huevo con agua* (véase *página* 43) *a la pasta quebrada antes de hornearla.*

**PLIEGUES**
Ponga el dedo índice y el pulgar por el borde interior del pastel. Pellizque la masa entre los dos dedos y marque la forma con el índice y el pulgar de la otra mano.

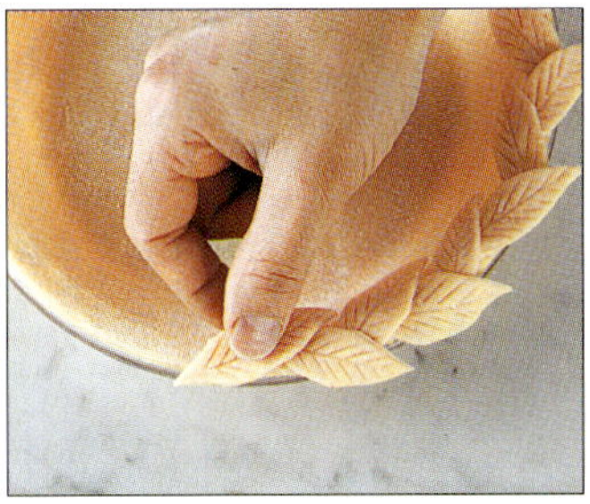

**HOJAS**
Corte hojas de los recortes de pasta. Con la punta de un cuchillo dibuje los nervios de la hoja. Humedezca los bordes y ponga las hojas superpuestas, apretándolas contra el borde.

**TRENZA**
Corte tres tiras de pasta de 1 cm de ancho y unos 5 cm más largas que el diámetro del molde. Ponga las tiras juntas y tréncelas. Con un pincel mojado humedezca el borde de pasta y coloque la trenza, presionándola para que se adhiera; una los extremos.

**CELOSÍA**
Corte tiras de 1,5 cm de ancho. Póngalas sobre la tarta a una distancia de 2 cm. Doble tiras alternas hacia atrás hasta llegar a 2 cm del borde del molde y ponga encima una tira nueva horizontal. Estire las tiras dobladas sobre la extendida y repita cada 2 cm.

**ROSA**
Prepare un cono de pasta de 2 cm. Corte cinco redondeles de 3 cm de diámetro para los pétalos. Apriete el pulgar contra una parte de cada pétalo para aplanarlos. Enrolle la parte plana del pétalo alrededor del cono, superponiendo los pétalos.

## TARTA TATIN

*Este clásico postre francés se cuece bajo una tapa de pasta quebrada y se sirve del revés.*

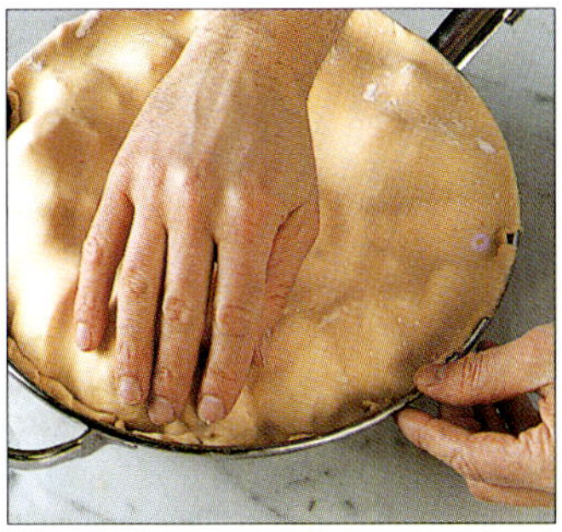

1 Extienda la pasta quebrada. Póngala sobre la fruta y recorte la pasta sobrante. Lleve los bordes de pasta hacia dentro. Hornee a 230 °C, 20 minutos.

2 Deje reposar 10 minutos, ponga un plato sobre la sartén y déle la vuelta. Levante la sartén con cuidado.

# PASTA *CHOUX*

La pasta crujiente y etérea de palos y lionesas, denominada *pâte à choux*, base de algunos postres como el *croquembouche* (*véase* página 12) y de preparaciones saladas, es una pasta diferente a todas las demás y que se cuece dos veces.

## PASTA *CHOUX*

*La técnica esencial consiste en cocer la pasta hasta que empiece a hincharse, añadir los huevos muy lentamente fuera del fuego, batiéndolos para incorporar el máximo de aire posible. La pasta ha de estar lo suficientemente caliente para que los huevos se cuezan un poco, pero no demasiado, pues la mezcla cuajaría. Con esta cantidad de pasta se obtienen 40 lionesas* (véase *inferior*) *o 30 palos* (véase *página siguiente*).

1 Ponga 100 g de mantequilla sin sal y 250 ml de agua en un cazo y lleve justo al punto de ebullición; retire del fuego.

2 Añada 150 g de harina más 1 cucharadita de sal y 1 de azúcar y bátalo todo.

3 Cuando la masa sea homogénea, vuelva a poner el cazo sobre el fuego hasta que esté seca, forme una bola y se separe de las paredes del cazo.

4 Retire el cazo del fuego y agregue lentamente 4 huevos batidos, uno tras otro, batiéndolos muy bien tras cada adición.

5 Continúe batiendo hasta que la pasta esté espesa y brillante. Ha de caerse de la cuchara cuando ésta se agita.

## LIONESAS

*Estos pequeños bollitos de pasta de lionesa se forman con una manga pastelera, se hornean, se enfrían y se perforan por la base para introducirles un relleno con una manga pastelera* (véase *recuadro, página siguiente*). *Antes de hornear, enmanteque una placa y póngala en la nevera, para que la mezcla no se extienda al formarla con una manga pastelera. Hornee las lionesas a 200 °C, unos 20 minutos.*

1 Con una manga pastelera provista de boquilla lisa de 1 cm, forme montoncitos de pasta.

2 Pincélelos con un poco de yema de huevo mezclada con agua (*véase* página 43).

3 Aplánelos con un tenedor mojado en yema de huevo para redondear la parte superior.

## PALOS

*Con una manga pastelera, forme una tira de pasta de 8 cm de longitud. Utilice una boquilla lisa de 1 cm y separe bien las tiras sobre una placa de hornear enmantecada. Hornee a 200 °C, de 20-25 minutos o hasta que estén dorados y déjelos enfriar. En este caso, los palos se han rellenado de crema pastelera (véase página 39) con la ayuda de una manga y se han glaseado con una capa de cobertura de chocolate derretida.*

1 Con la manga pastelera, extienda la pasta sobre una placa de hornear, ejerciendo presión para que las formas sean parecidas.

2 Pincele los palos con yema de huevo mezclada con agua y hágales unas rayas con un tenedor mojado en esa mezcla.

3 Deje enfriar los palos. Cuando estén listos para rellenarlos, hágales un agujero en cada extremo con la punta de un cuchillo pequeño.

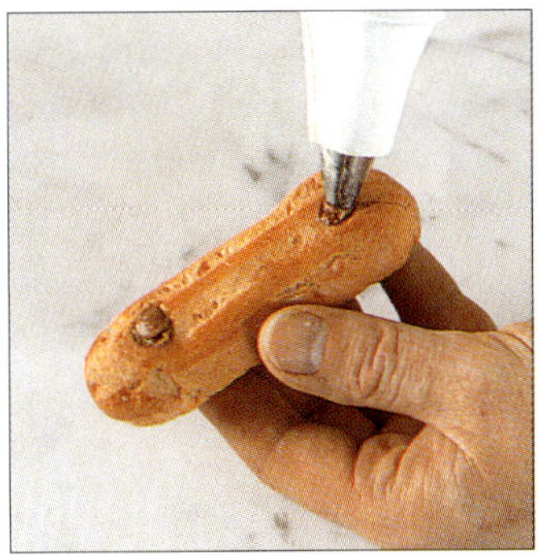

4 Introduzca el relleno con una manga provista de una boquilla de 5 mm. Deje de rellenar cuando el relleno salga por el otro agujero.

5 Sumerja la cara superior de los palos en un glaseado de *fondant* o en cobertura de chocolate modificada.

### SERVIR LAS LIONESAS

- Abra las lionesas y, con una manga pastelera, rellénelas con *chantilly* y rodajas de frutas frescas. Espolvoréelas con azúcar lustre.
- Sirva las lionesas cubiertas con caramelo. Ponga almendras fileteadas en una placa de hornear enmantecada. Prepare el caramelo. Introduzca la parte superior de las lionesas en el caramelo y ponga la parte con el caramelo sobre las almendras. Déjelas un rato para que solidifiquen.
- Prepare lionesas de chocolate rellenas de helado o de *chantilly* y cubiertas con una salsa de chocolate caliente o con cobertura de chocolate derretida.
- Rellene las lionesas con una manga llena de crema muselina y utilícela para hacer el *croquembouche* (*véase* página 12).
- Decórelas con motivos aplicados con la manga pastelera sobre un *fondant* o un glaseado de chocolate modificado. Utilice chocolate derretido o un glaseado de azúcar y aplíquelo con una manga pastelera de papel.

### TRUCOS DE COCINERO

#### LIONESAS FRITAS

*Entre las masas que se fríen están los churros españoles, los buñuelos de Nueva Orleans y los cenci italianos. La pasta* choux *o de lionesa frita queda de forma parecida a los anteriores ejemplos. Sirva los buñuelos espolvoreados con azúcar refinado y canela.*

Caliente 7,5 cm de aceite a 190 °C. Inserte en una manga pastelera una boquilla lisa de 1,5 cm y llénela con pasta *choux*. Sujete la manga sobre aceite caliente, apriétela y vierta un trocito de unos 3 cm de longitud. Con un cuchillo de cocinero, corte la pasta cerca de la boquilla para que caiga directamente en el aceite. Fría los buñuelos de 3 a 5 minutos hasta que se hinchen y se doren. Sáquelos con una espumadera y escúrralos sobre papel de cocina. Sírvalos calientes.

# *Croquembouche*

*Esta preparación espectacular, que tradicionalmente se prepara en Francia para las bodas, consiste en hileras de lionesas rellenas de una crema pastelera enriquecida y bañadas en caramelo. El* croquembouche *es fácil de hacer; cada elemento se prepara por separado y al final se monta el pastel.*

PARA 20 PERSONAS

*2 kg de* nougatine

*Azúcar granulado para decorar*

PARA EL GLASEADO REAL

*250 g de azúcar lustre*

*1 clara de huevo*

*1 cucharada de zumo de limón*

PARA LAS LIONESAS

*500 ml de agua*

*200 g de mantequilla sin sal*

*10 g de sal*

*15 g de azúcar refinado*

*300 g de harina*

*8–9 huevos*

PARA EL GLASEADO DE HUEVO

*1 huevo*

*1 yema de huevo*

*Un pellizco de sal*

PARA LA CREMA MUSELINA

*12 yemas de huevo*

*300 g de azúcar refinado*

*100 g de harina*

*100 g de maicena*

*1,5 l de leche aromatizada con vainilla*

*200 g de mantequilla sin sal*

*90 ml del licor elegido*

PARA EL CARAMELO

*1 kg de azúcar refinado*

*200 ml de agua*

*300 g de glucosa*

Prepare la *nougatine* y extiéndala en una lámina fina. Con un círculo de cartón de 30 cm como guía, corte un disco de *nougatine* que será la base del *croquembouche*; póngalo encima del cartón y resérvelo. Con un cortapastas de 10 cm, corte 2 discos de *nougatine* y 3 cuartos de medias lunas para adornar la parte superior.

Prepare el glaseado real (*véase* página 30) con los ingredientes mencionados; con una manga pastelera aplíquelo sobre el borde del disco grande (*véase* recuadro, inferior) y alrededor de los bordes de los 2 discos pequeños.

Prepare 100 lionesas (*véase* página 10) y pincélelas con la mezcla de yema de huevo y agua.

Prepare la crema muselina como la crema pastelera (*véase* página 39) y al final incorpórele la mantequilla y el licor; déjela enfriar. Con una manga pastelera, introduzca la crema en las lionesas por un agujero.

Para el caramelo, disuelva el azúcar en el agua y lleve a ebullición. Espume y añada, sin dejar de remover, la glucosa. Baje el fuego y deje cocer hasta que el caramelo esté dorado. Ponga la base del cazo en agua helada, introduzca la parte superior de las lionesas en el caramelo y colóquelas con el caramelo hacia abajo sobre una fuente para que se solidifique. Pase la parte superior de algunos de los profiteroles en el azúcar.

Forre un molde grande en forma de cono con papel de aluminio y acéitelo bien. Ponga papel de aluminio enrollado alrededor de la base como soporte de la hilera inferior de profiteroles.

Coloque los profiteroles de la hilera inferior: sumerja los laterales de los profiteroles en caramelo y péguelos entre sí, pero no los pegue al papel de aluminio. Añada la siguiente hilera de profiteroles. Siga haciendo hileras; distribuya los profiteroles con azúcar granulado al azar. Déjelos que se solidifiquen.

Quite el molde (*véase* recuadro, inferior); ponga la base de *nougatine* y decore la parte superior, pegando los elementos con caramelo.

## *Montar un* croquembouche

*La clave del éxito está en tomarse tiempo y trabajar con cuidado. El* croquembouche *ya montado se ha de guardar en un lugar fresco no más de 4-6 horas hasta el momento de servirlo. No se debe poner en la nevera porque el caramelo quedaría pegajoso.*

Con una manga pastelera, haga un borde de glaseado real alrededor del disco grande de *nougatine.*

Coloque las hileras de lionesas alrededor del cono, uniéndolas por los lados y con la hilera inferior, pero sin pegarlas.

Con cuidado, saque el *croquembouche* del molde y quite el papel de aluminio enrollado y el forro de papel.

# LAS PASTAS *FILO* Y *STRUDEL*

Estos dos tipos de pastas quedan increíblemente finas una vez horneadas. Para hacerlas se necesita rapidez y práctica —ésta es la razón por la que la pasta *filo* se suele comprar preparada. Los siguientes métodos ofrecen formas de sacar el mejor partido de la pasta *filo* comprada hecha, y el procedimiento para hacer un *strudel*.

## EXTENDER LA PASTA *FILO* EN CAPAS

*En Oriente Medio, la pasta* filo *se suele hornear a capas con sabrosos rellenos en medio. La técnica es fácil, siempre y cuando mantenga la pasta* filo *cubierta con un lienzo húmedo porque se seca de inmediato. En este caso se ha preparado una* baklava *con 450 g de pasta* filo*, 100 g de mantequilla derretida y un relleno de frutos secos picados, azúcar y canela. Horneéla a 170 °C 1 ¹/₄ horas. Rocíela con almíbar de miel cuando esté caliente.*

1 Ponga la mitad de las láminas de pasta *filo* en una fuente enmantecada y pincele con mantequilla cada capa. Añada el relleno y ponga más láminas.

2 Para que la *baklava* quede sabrosa y almibarada, pincele la capa superior con abundante mantequilla derretida antes de hornearla.

3 Antes de hornear la *baklava*, practique sobre su superficie unos cortes en forma de rombo con un cuchillo afilado para que sea más fácil de servir.

## DAR FORMA A LA PASTA *FILO*

*La pasta* filo *es perfecta para envolver rellenos dulces o salados. Igual que en el caso anterior (*véase *superior), la pasta* filo *se ha de cubrir con un lienzo húmedo para que no se seque. Después de darle forma, pincélela con mantequilla derretida y horneéla a 180 °C unos 30 minutos.*

**CIGARRO**
Pincele una tira de pasta *filo* de 8 cm de longitud con mantequilla derretida. Ponga 1 cucharadita de relleno en el centro de uno de los extremos. Doble los bordes de la tira y enróllela como un cigarro.

**TRIÁNGULO**
Pincele una tira de pasta de 8 cm de longitud con mantequilla derretida. Ponga 1 cucharadita de relleno en la esquina de un extremo. Doble la otra esquina sobre el relleno para hacer un triángulo. Repita la operación.

**BOLSITA**
Pincele un cuadrado de pasta *filo* de 8 cm con mantequilla derretida. Ponga 1 cucharadita de relleno en el centro y junte todas las esquinas. Retuerza la pasta sobre el relleno para cerrarlo.

## PREPARAR EL STRUDEL

*Amase a fondo la pasta para desarrollar el gluten; déjela reposar lo suficiente para que le sea más fácil extenderla. Cuando la pasta se estira hay que trabajarla con rapidez porque se seca muy deprisa. En el recuadro, inferior derecha, presentamos una sencilla receta de* strudel *de manzana.*

1 Añada los líquidos al hueco de la harina y forme rápidamente una bola blanda de masa.

2 Amase la pasta; levántela y tírela hasta que esté homogénea.

3 Una vez que la pasta haya reposado, extiéndala con un rodillo.

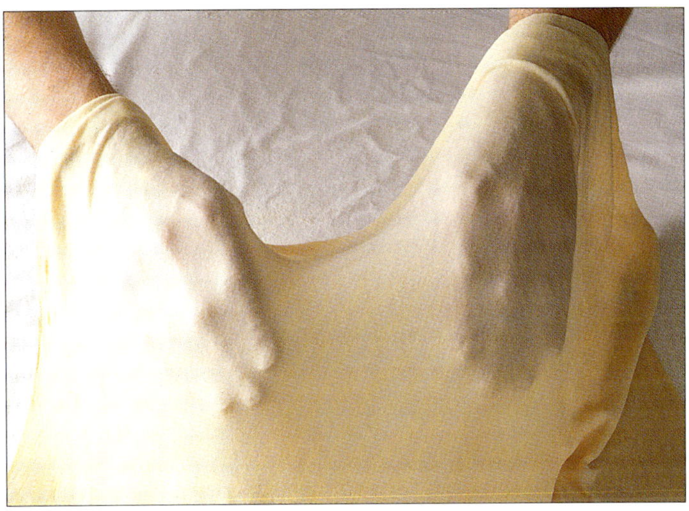

4 Trabajando sobre una sábana espolvoreada con harina, empiece a estirar la masa. Utilice el dorso de las manos espolvoreadas con harina y trabaje la pasta desde el centro hacia fuera hasta obtener un rectángulo muy fino por el que se transparenten las manos.

5 Esparza el relleno sobre la pasta. Enrolle la pasta empezando por uno de los lados largos; use la sábana como ayuda.

6 Levante con cuidado el *strudel* enrollado y ponga la parte de la juntura hacia abajo sobre una placa de hornear engrasada con mantequilla. Antes de hornearlo, pincélelo con mantequilla derretida. El *strudel* se puede servir caliente o frío, espolvoreado con azúcar lustre y cortado transversalmente en rodajas gruesas. Una crema *chantilly* muy fría (*véase* página 19) queda muy bien como acompañamiento.

### TRUCOS DE COCINERO

#### DEJAR REPOSAR LA PASTA

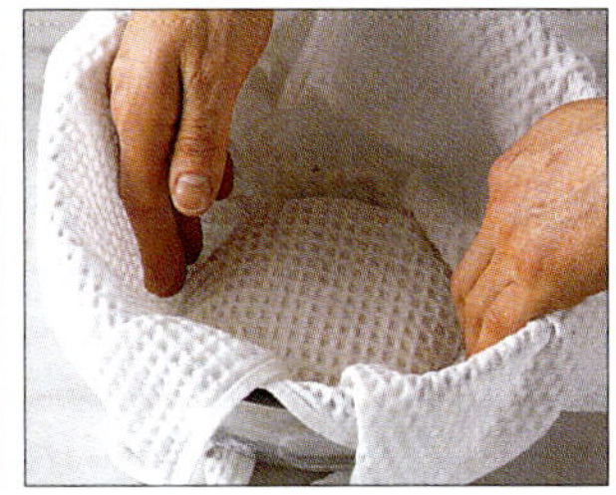

Cuando deje reposar la pasta después de amasarla, póngala en un cuenco y cúbrala con un lienzo húmedo.

### *STRUDEL* DE MANZANA

*300 g de harina de fuerza blanca*
*1 cucharadita de sal*
*40 ml de aceite vegetal*
*200 ml de agua caliente*
*500 g de manzanas, peladas, descorazonadas y troceadas*
*unos 150 g de mantequilla derretida*
*150 g de azúcar moreno*
*100 g de pasas*
*100 g de nueces, tostadas y troceadas*
*1 cucharadita de canela molida*
*50 g de migas de bizcocho*

Tamice la harina y la sal; añada el aceite y el agua; haga una bola con la pasta. Amásela durante 5-7 minutos hasta que esté homogénea. Tápela y déjela reposar como máximo 2 horas. Sofría las manzanas en la mitad de la mantequilla. Agregue el resto de los ingredientes de relleno y déjelo enfriar.

Extienda la pasta con un rodillo, cúbrala con un lienzo húmedo y déjela reposar 15 minutos. Pásela a una mesa cubierta con una sábana y estírela hasta formar un rectángulo grande: pincélelo con mantequilla. Extienda el relleno hasta llegar a 3 cm del borde. Enrolle la pasta y pásela a una placa de hornear. Pincele el *strudel* con mantequilla y hornéelo a 190 °C de 30 a 40 minutos. Para 8-10 personas.

# Hojaldre

Hay tres fases principales en la preparación de la pasta ligera, hojaldrada y mantecosa que se utiliza para preparar tartas dulces y saladas, *bouchées* y hojaldres. Estas tres fases consisten en preparar la *détrempe* o mezcla básica, añadir la mantequilla y extender, doblar y dar la vuelta a la pasta. Para obtener los mejores resultados, mantenga la pasta fría.

### HOJALDRE

*500 g de harina de fuerza blanca*
*250 ml de agua fría*
*75 g de mantequilla sin sal derretida*
*2 cucharaditas de sal*
*300 g de mantequilla sin sal*

Prepare una pasta con la harina, el agua, la mantequilla derretida y la sal. Ablande ligeramente los 300 g de mantequilla y forme con ella un cuadrado de 2 cm de grosor. Aplane la pasta sobre la superficie de trabajo fría y ligeramente enharinada, ponga la mantequilla y envuélvala con la pasta. Extienda la pasta, dóblela y déle la vuelta seis veces; enfríela en la nevera durante 30 minutos entre cada extendido. Para 1,25 kg de hojaldre.

## Preparar la mezcla básica

*La primera fase de la pasta consiste en mezclar y trabajar la harina, la sal, el agua y la mantequilla derretida hasta el punto que forme una bola. Después, ésta se envuelve en papel y se reserva en la nevera.*

1 Tamice la harina sobre una superficie de trabajo fría y haga un hueco en el centro. Agregue el agua, la mantequilla derretida y la sal. Mézclelo todo con los dedos.

2 Con una rasqueta de pasta, trabaje la mezcla de harina y mantequilla hasta que se formen unos grumos sueltos. Añada más agua si la pasta está seca.

3 Haga una bola con la pasta. Practique dos cortes en forma de cruz en la parte superior y envuélvala en papel sulfurizado enharinado; enfríe 30 minutos.

## Incorporar la mantequilla

*Antes de incorporar la mantequilla a la pasta, extiéndala con un rodillo hasta formar un cuadrado de 2 cm de grosor debajo de una hoja de papel sulfurizado o de película de plástico.*

1 Sobre una superficie enfriada, aplane la mezcla básica y extiéndala con el rodillo formando una cruz y dejando un montículo en el centro.

2 Ponga el cuadrado de mantequilla en el centro de la cruz. Doble cada punta, estirando ligeramente la pasta para cubrir totalmente la mantequilla.

3 Espolvoree con harina la superficie de trabajo y pase el rodillo por encima de la pasta para sellar bien los bordes; extienda la pasta hasta formar un rectángulo.

## EXTENDER Y DOBLAR LA PASTA

*En esta fase, la pasta se extiende y después se dobla como una carta. Es importante que los bordes queden rectos y uniformes. Extienda la pasta hacia el exterior ejerciendo una presión firme.*

1 Extienda la pasta hasta formar un rectángulo de 20 × 45 cm. Doble el tercio inferior hacia el centro.

2 Doble el tercio superior de la pasta sobre los tercios ya doblados y con un pincel elimine la harina sobrante.

3 La pasta ha de formar un cuadrado, ha de tener tres capas y los bordes han de coincidir. Ahora hay que darle la vuelta.

### CONSEJOS RÁPIDOS PARA HACER HOJALDRE

Para obtener los mejores resultados, trabaje siempre el hojaldre en una habitación fría y sobre una superficie de mármol.

- Siempre que sea posible, prepare el hojaldre un día antes de utilizarlo. Este tiempo adicional de reposo hace que sea más fácil dar forma a la pasta antes de hornearla.
- Para obtener una pasta perfecta hay que poner los ingredientes en la proporción correcta. Algunos pasteleros pesan la pasta básica después de mezclarla y después incorporan exactamente la mitad de su peso en mantequilla.
- Una vez envuelta la mantequilla en la pasta básica, póngala en la nevera 30 minutos más para que ambos componentes tengan la misma temperatura.
- Para que la pasta suba uniformemente, es esencial enfriarla bien después de cada segunda vuelta y se le han de hacer unos cortes antes de hornearla.
- Para más seguridad, enfríe la pasta en la nevera por última vez durante 30 minutos cuando la haya cortado en la forma deseada.
- Utilice un termómetro de horno para que la pasta se hornee a la temperatura correcta. Si el horno está demasiado frío, la mantequilla de la pasta se derretirá y el hojaldre no subirá bien.

## DAR LA VUELTA A LA PASTA

*La pasta de hojaldre ha de extenderse, doblarse y darle la vuelta un total de seis veces si se quiere que se separe en capas. Marque la pasta cada «segunda» vuelta antes de enfriarla.*

1 Dé un cuarto de vuelta al cuadrado, de forma que el borde expuesto quede a su derecha, como si la pasta fuese un libro. Presione suavemente los bordes para sellarlos.

2 Extienda la pasta hasta obtener un rectángulo de 20 × 45 cm. Dóblelo otra vez en tercios; selle los bordes. Enfríe en la nevera 30 minutos. Vuelva a extender, doblar y dar la vuelta a la pasta dos veces más.

**MARCAR LA PASTA**
Señale con las yemas de los dedos el número de vueltas.

# DAR FORMA AL HOJALDRE

El hojaldre (*véanse* páginas 16-17) se corta de formas diferentes; en rectángulos, círculos y rombos a los que se les practican entalles decorativos para obtener elegantes recipientes dorados crujientes y etéreos para rellenos dulces y salados.

## PREPARAR BOUCHÉES

*Estos pequeños recipientes se llaman así por su tamaño;* bouchée *significa bocado en francés. Se hornean en una placa de hornear humedecida a 220 °C, de 20 a 25 minutos. Para que suban de forma uniforme, ponga un cortapastas en cada esquina de la lámina de pasta y ponga otra lámina por encima. Cuando las* bouchées *suben, la lámina superior evita que se desmoronen.*

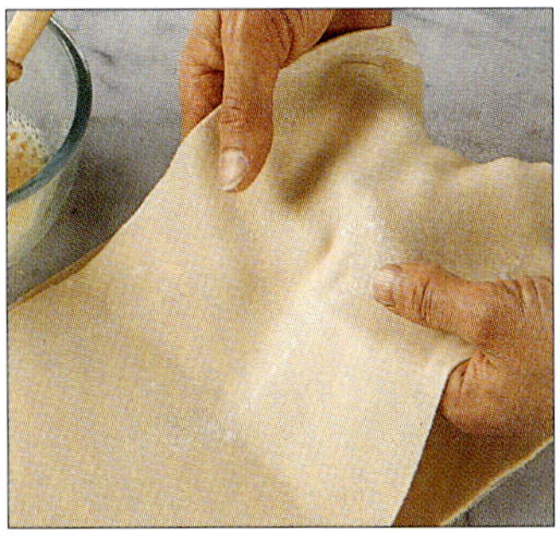

1 Extienda dos láminas de pasta de 3 mm de grosor. Ponga una encima de la otra y pincele con yema de huevo mezclada con agua (*véase* página 43).

2 Enfríe la masa en la nevera o en el congelador, y corte a través de las dos láminas de pasta con un cortapastas acanalado.

3 Corte los centros de la lámina superior con un cortador liso de 3,5 cm.

## PREPARAR UNA TRANCHE

*Este decorativo hojaldre cuyo nombre significa rebanada en francés se suele utilizar como base para la crema pastelera y frutas frescas glaseadas, aunque también se pueden utilizar otros rellenos. Pincélelos con yema de huevo y agua* (véase *página 43) y póngalo en una placa de hornear humedecida antes de hornearlo a 220 °C de 8 a 12 minutos y después a 190 °C durante 12-15 minutos. Déjelo enfriar sobre una rejilla antes de rellenarlo.*

1 Corte un rectángulo de 14 × 30 cm y 3 mm de grosor. Corte dos tiras de 1 cm de ancho de los dos lados largos.

2 Pincele los lados largos del rectángulo con yema de huevo y agua (*véase* página 43). Ponga las tiras por encima a 2 mm del borde. Hágales cortes en forma de cruz.

## PREPARAR HOJALDRES

*Estas pastas de hojaldre en forma de rombo quedan preciosas con rellenos cremosos y frutas frescas. Póngalos en una placa de hornear humedecida y hornéelos a 220 °C de 8 a 12 minutos y después a 190 °C durante 12-15 minutos. Déjelos enfriar sobre una rejilla.*

1 Extienda la pasta hasta que tenga 3 mm de grosor. Córtela en cuadrados de 13 cm. Doble los cuadrados por la mitad en diagonal para formar un triángulo.

2 Empezando a 1 cm del borde, haga un corte para formar un reborde de 1 cm de ancho. Deje 1 cm sin cortar en los extremos, para que las tiras queden unidas.

3 Desdoble el triángulo y pincele los bordes del cuadrado interior con yema de huevo y agua (*véase* página 43). Levante las tiras del borde y pase una por debajo de la otra. Estírelas hacia la base de las esquinas opuestas y una las puntas de las tiras a las esquinas de la base con yema de huevo y agua.

# SALSAS DULCES

Las salsas dulces dan a los postres un toque decadente. La técnica para preparar un sedoso sabayón debe aprenderse, mientras que con las tres salsas inferiores tendrá un repertorio completo para todo el año, desde la salsa a la crema para los helados, hasta la mantequilla de brandy para el pudin de Navidad.

## PREPARAR UNA SALSA SABAYÓN

*Esta típica salsa francesa es una versión del italiano* zabaglione. *No es difícil de hacer, pero hay que tener cuidado de no calentar la mezcla en exceso porque se puede cortar. Generalmente se sirve caliente, pero si la prefiere fría, retírela del fuego y bátala constantemente hasta que esté fría.*

1 Bata 6 yemas de huevo y 90 g de azúcar refinado en un cuenco refractario hasta que la mezcla blanquee y esté espumosa. Ponga el cuenco sobre un cazo con agua.

2 Bata la mezcla continuamente y añádale poco a poco 150 ml de vino blanco dulce o de zumo de fruta, hasta que empiece a espesarse.

3 Continúe batiendo hasta que la mezcla sea lo bastante espesa para dejar un surco. Por último, añada 1 cucharada de vino de Madeira o de Jerez.

### EMPLEAR EL SABAYÓN

El sabayón, ligero y delicado aunque con cuerpo, se puede utilizar como base de *parfaits, mousses* y glaseado de crema de mantequilla, pero se suele emplear más como salsa.

- Bañe frutas frescas blandas, especialmente bayas, en salsa sabayón y gratínelas hasta que el sabayón se caramelice.
- Sírvalo como acompañamiento de compotas de frutas calientes y de frutas escalfadas.
- Póngalo alrededor de pudines individuales como una piscina de salsa.

## PREPARAR SALSAS DULCES

*Estas tres salsas básicas tienen una textura suntuosa y sorprendentemente diferente. La mantequilla de brandy se derrite sobre los postres calientes, el caramelo con mantequilla parece un rociado tostado y la etérea* chantilly *es lo suficientemente densa para darle forma con una manga pastelera.*

**MANTEQUILLA DE BRANDY**
Mezcle 175 g de mantequilla sin sal ablandada con un poco de azúcar lustre. Añádale 4 cucharadas de brandy y bátala. Resérvela en la nevera.

**SALSA A LA CREMA**
Mezcle 85 g de mantequilla, 175 g de azúcar moreno y 2 cucharadas de almíbar hasta que se derrita. Agregue 85 ml de crema de leche espesa y lleve a ebullición.

***CHANTILLY***
Bata 250 ml de crema de leche hasta que se espese. Añádale 2 cucharadas de azúcar refinado y unas gotas de esencia de vainilla y bátala.

Mantequilla de brandy, salsa de caramelo y mantequilla, *chantilly*

# PREPARAR PASTELES

Un bizcocho perfectamente horneado necesita algo más que una buena receta y un buen mezclado. Es vital utilizar el molde adecuado y prepararlo correctamente. También es esencial saber ver cuándo el bizcocho está cocido por completo.

### LOS MEJORES INGREDIENTES PARA LOS PASTELES

**AZÚCAR:** en la mayoría de recetas, se utiliza azúcar fino como el refinado o el moreno que se mezclan fácilmente. El azúcar granulado no se suele utilizar excepto en aquellos bizcochos en los que la grasa se incorpora a la masa restregándola con la harina.
**GRASA:** si en la receta no se especifica lo contrario, utilice mantequilla sin sal. Para bizcochos cremosos cuyos ingredientes se mezclan todos a la vez, utilice margarina.
**HARINA:** la mayoría de las recetas se hacen con harina normal más un agente levante para subir el bizcocho como levadura en polvo o bicarbonato. La harina con levadura incorporada ya la lleva y sólo se ha de utilizar cuando así lo indique la receta.
**HUEVOS:** utilice huevos frescos medianos. Sáquelos de la nevera al menos una hora antes de utilizarlos; los huevos a temperatura ambiente incorporan más aire y dan un resultado más ligero que los que se sacan directamente de la nevera.

## ENGRASAR Y ENHARINAR UN MOLDE

*Para los bizcochos sencillos y cremosos como el pastel Victoria, los pasteles para el té y los de frutas, es suficiente con engrasar y enharinar el molde para evitar que la pasta se pegue al recipiente durante la cocción y el bizcocho se desmolde con facilidad. Si la receta no indica otra cosa, utilice mantequilla sin sal derretida.*

1 Pincele una capa fina de mantequilla derretida sobre la base del molde, las esquinas y los laterales.

2 Espolvoree harina sobre el molde y déle vueltas para que se cubra uniformemente. Invierta el molde y golpéelo en el centro para eliminar la harina sobrante.

## FORRAR UN MOLDE

*Algunos bizcochos es mejor ponerlos en un molde forrado con papel. Para los pasteles como el Sacher (*véase página 31*), en el que, para una presentación perfecta, es muy importante que tenga un borde limpio, es esencial forrar el molde. El papel que da mejores resultados es el papel para hornear que no se pega. Utilice la misma técnica para moldes redondos, cuadrados y moldes para brazo de gitano.*

1 Ponga el molde sobre una hoja de papel para hornear y dibuje el contorno de la base con un lápiz. Corte por dentro de la línea.

2 Engrase el interior del molde (*véase* paso 1, superior) y coloque el papel en la base.

## FORRO DOBLE PARA UN MOLDE HONDO

*Algunos pasteles de frutas necesitan tiempos de cocción muy largos y para protegerlos del calor del horno hay que utilizar un forro doble. De esta forma, se evita que la fruta se queme y la costra se cueza en exceso. Una vez forradas las paredes con el forro doble, forre la base (*véase *superior).*

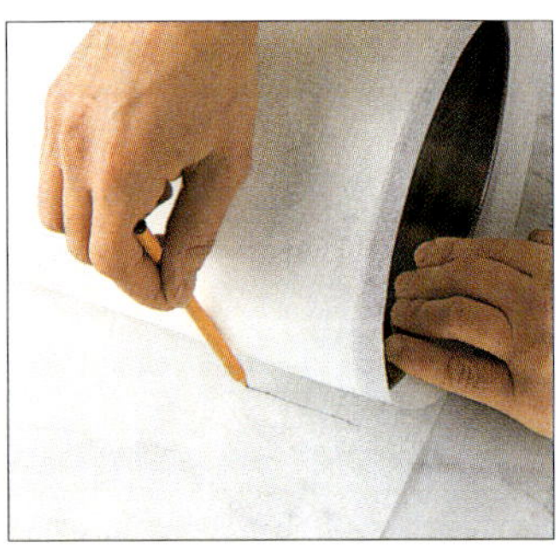

1 Doble una hoja de papel para hornear por la mitad. Envuélvala en el molde. Marque una línea 2 cm más larga que la circunferencia.

2 Haga cortes en diagonal de 2 cm en el borde doblado y deje 3 cm de separación. Ponga el papel en el molde para forrar la base.

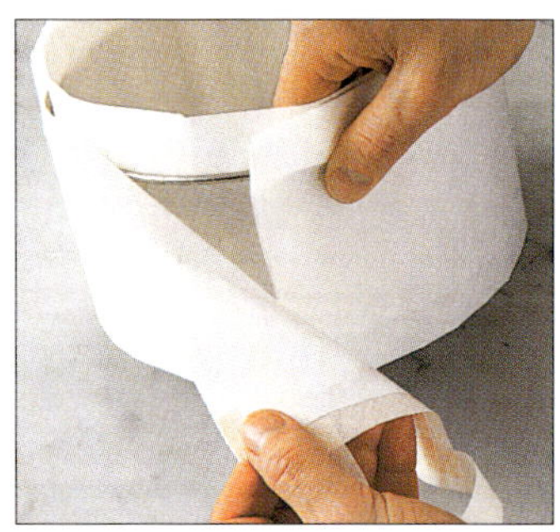

3 Doble otra hoja de papel para hornear longitudinalmente por la mitad. Envuélvala alrededor del molde y sujétela con cinta adhesiva.

## Forrar un molde alargado

*Para forrar un molde alargado hondo o plano utilice el método que aquí mostramos. Las esquinas cortadas del papel para forrar se superponen en el molde, por esta razón es preferible utilizar papel sulfurizado que es más fino que el pergamino y no hace tanto bulto. Corte el papel el doble del tamaño del molde y centre el molde sobre el papel con los lados largos del molde paralelos a los lados largos del papel.*

1 Ponga el molde sobre el centro del papel sulfurizado. Haga un corte en diagonal en cada esquina del papel hasta cada esquina del molde.

2 Ponga el papel dentro del molde y superponga las esquinas. Apriete el papel contra las esquinas y los laterales del molde.

## Incorporar la pasta antes de hornear

*Para llenar los moldes con pastas ligeras y suaves, la pasta se ha de verter o poner con cuchara hasta alcanzar la mitad o los dos tercios de la altura del molde. Las pastas pesadas o densas, como la de los pasteles de frutas, se han de poner con cuchara y llenar tres cuartas partes del molde. Una vez que la pasta está en el molde, hay que alisar la superficie para que el bizcocho suba de forma uniforme.*

**Pasta de pastel de frutas**
Para evitar que suba en exceso por el centro y se rompa, haga un hueco en el centro de la pasta.

**Pasta de bizcocho**
Extiéndala con el dorso de una cuchara metálica. La mezcla se nivelará durante la cocción.

## Comprobar la cocción

*El pastel ha de estar dorado, haber subido y haberse separado un poco de los laterales del molde. Se pueden hacer dos pruebas más, según el tipo de pastel horneado.*

**Bizcocho**
Presione el centro del bizcocho con los dedos; si está hecho, ha de volver a subir.

**Pastel de frutas**
Introduzca una broqueta metálica en el centro del bizcocho; si está hecho, ésta ha de salir limpia.

## Volcar y enfriar un bizcocho

*Una vez horneado, deje reposar el pastel en el molde durante un rato antes de desmoldarlo —el bizcocho unos 5 minutos y el pastel de frutas unos 30. Si se enfría sobre una rejilla, la base del pastel se seca y no se cuece con su propio vapor.*

1 Pase un cuchillo entre el bizcocho y el molde. Si lo hace con varios movimientos puede estropear la corteza del bizcocho.

2 Ponga la rejilla por encima del bizcocho. Sujételos con un lienzo e invierta la rejilla y el molde para que salga el bizcocho.

3 Quite el papel. Déle la vuelta al bizcocho y déjelo enfriar sobre la rejilla.

# PASTELES BÁSICOS

La textura de los pasteles depende de la proporción de sus ingredientes (diferentes cantidades de grasa, azúcar, mantequilla y huevos) y del método que se utilice para mezclarlos. Las técnicas que aquí presentamos producen tres pasteles de diferentes densidades y texturas; los tres son fáciles de hacer.

## MÉTODO CREMOSO

*El objetivo de este método es incorporar la máxima cantidad de aire posible. Cuando se mezcla a mano, esto se consigue batiendo la mantequilla con el azúcar hasta obtener una crema casi blanca, a la que se incorporan los huevos y la harina. Para mezclarlo todo a la vez con una amasadora eléctrica se necesita margarina ablandada para aligerar la pasta y levadura en polvo para que suba.*

### A MANO

1 Bata la mantequilla y el azúcar con una cuchara de madera hasta que la mezcla sea ligera y esponjosa.

2 Añada los huevos uno a uno y bátalo todo bien después de cada adición. Si la mezcla empieza a cortarse, añada 1-2 cucharadas de harina.

3 Incorpore la harina con una cuchara grande metálica. Haga un movimiento en forma de ocho para no aplastar la pasta.

### CON BATIDORA

1 Ponga todos los ingredientes en un cuenco y utilice margarina. Añada 1 ½ cucharadas de levadura en polvo.

2 Bátalo todo a velocidad media hasta que la pasta esté cremosa, homogénea y bien mezclada, de 2 a 3 minutos.

#### TRUCOS DE COCINERO

**OBTENER UNA PASTA MÁS LIGERA**

Agregue 1-2 cucharadas de agua caliente a la pasta antes de ponerla en el molde.

### PASTEL VICTORIA

*225 g de harina con levadura incorporada*
*una pizca de sal*
*225 g de mantequilla ablandada*
*225 g de azúcar refinado*
*4 huevos*
*4 cucharadas de confitura de fresa*

Engrase y enharine dos moldes de 20 cm de diámetro (*véase* página 20). Tamice la harina y la sal juntas. Ponga la mantequilla y el azúcar en un cuenco grande y bátalos bien hasta que la mezcla esté cremosa. Bata ligeramente los huevos en otro cuenco y añádalos poco a poco a la mezcla cremosa. Suavemente, incorpore la harina. Con una cuchara, ponga la mezcla en los moldes preparados y hornéela a 190 °C durante 25 minutos. Desmolde los bizcochos y déjelos enfriar sobre una rejilla. Ponga la confitura y espolvoree con azúcar refinado.

### AROMATIZANTES PARA EL PASTEL VICTORIA

Cualquiera de los siguientes ingredientes se puede añadir a la pasta. Si se trata de ingredientes secos, sustituya un poco de harina por el nuevo ingrediente; en el caso de ingredientes líquidos, añádalos gota a gota.

- Ralladura de cítricos.
- Cacao en polvo.
- Café instantáneo disuelto con agua.
- Esencia de vainilla o de almendra.
- Agua de azahar.
- Licores, por ejemplo Cointreau.

## MÉTODO DE LOS GRUMOS

*La técnica esencial consiste en restregar la grasa con la harina hasta que quede distribuida; deje de restregar cuando la mezcla parezca migajas de pan.*

1 Restriegue la mantequilla con la harina entre los dedos. Levante las manos del cuenco mientras restriega. De esta manera, se incorpora aire a la mezcla.

2 Añada el azúcar y la mezcla de frutas secas y remuévalo hasta que todos los ingredientes estén bien mezclados.

3 Después de añadir el huevo y la leche, incorpore gradualmente la harina de los lados del cuenco y mézclelo todo bien.

### TRUCOS DE COCINERO

**EVITAR QUE LAS FRUTAS CAIGAN AL FONDO**

*Las frutas secas son pesadas y tienden a hundirse en la pasta; con esta sencilla técnica evitará este problema.*

Mezcle las frutas con un poco de harina medida antes de empezar a preparar la pasta. La harina crea una capa seca alrededor de las frutas que ayuda a que se mantengan suspendidas en la pasta del bizcocho, evitando que absorban demasiado líquido.

### PASTEL DE FRUTAS

*450 g de harina*
*1 cucharadita de especias molidas*
*1 cucharadita de jengibre molido*
*1 cucharadita de bicarbonato*
*225 g de frutas secas mezcladas*
*175 g de mantequilla, ablandada*
*225 g de azúcar moreno*
*1 huevo batido*
*unos 300 ml de leche*

Engrase y forre un molde redondo y hondo de 23 cm de diámetro (*véase* página 20). Tamice en un cuenco la harina, las especias molidas y el bicarbonato. Retire 2 cucharadas y mézclelas con las frutas (*véase* recuadro, izquierda).

Restriegue la mantequilla con la harina hasta que parezcan grumos de pan. Añada el azúcar y las frutas secas.

Haga un hueco en el centro, añada el huevo y la leche y mézclelo todo hasta que la pasta caiga de la cuchara; si fuese necesario, añada más leche.

Con una cuchara, ponga la pasta en el molde preparado y alise la superficie. Hornee a 170 °C durante 1 hora y 40 minutos. Desmolde el pastel y déjelo enfriar. Para 10-12 personas.

## MÉTODO DE DERRETIR

*Ésta es una de las formas más fáciles de preparar un pastel; se basa en una mezcla derretida de mantequilla, azúcar y melaza para humedecerla y bicarbonato de soda para aligerarla. Mida la melaza exactamente —si pone demasiada el bizcocho quedará muy pesado. El bicarbonato empieza a hacer efecto en cuanto se mezclan los ingredientes, por lo tanto, hay que trabajar con rapidez.*

1 Ponga la mantequilla, el azúcar y la melaza en un cazo a fuego lento y remuévalo todo hasta que la mezcla se derrita. Déjela enfriar.

2 Vierta la mezcla templada sobre la leche y los huevos, mézclelo todo bien e incorpore la harina de los laterales del cuenco.

3 Bátalo todo con una cuchara de madera hasta que la mezcla adquiera una textura homogénea y caiga de la cuchara.

### PAN DE JENGIBRE

*250 g de mantequilla*
*250 g de azúcar moreno oscuro*
*250 g de melaza*
*375 g de harina*
*1 cucharada de jengibre*
*1 cucharadita de especias molidas*
*1 cucharadita de nuez moscada*
*2 cucharaditas de bicarbonato*
*1 huevo batido*
*300 ml de leche*

Engrase y forre un molde de bizcocho (*véase* página 20). Derrita la mantequilla, el azúcar y la melaza. Deje enfriar. Tamice los ingredientes secos, añada el huevo, la leche y la mezcla derretida y bátalo todo bien y viértalo en el molde. Hornee a 170 °C durante 1 ½ horas. Desmolde el bizcocho y déjelo enfriar. Para 10-12 personas.

# PASTELES BATIDOS

Los pasteles de pasta batida tienen una textura muy ligera. Su volumen depende de la cantidad de aire que se incorpora cuando se baten los huevos y el azúcar sobre un calor suave. Se les puede añadir mantequilla para enriquecerlos.

### BIZCOCHO DE PASTA BATIDA BÁSICO

*4 huevos*
*120 g de azúcar refinado*
*120 g de harina tamizada con una pizca de sal*

Engrase, enharine y forre un molde redondo de 20 cm de diámetro (*véase* página 20). Bata los huevos y el azúcar en un cuenco refractario sobre una cacerola de agua caliente hasta que la mezcla se espese. Quite el cuenco de la cacerola de agua caliente y siga batiendo hasta que la mezcla esté fría. Tamice e incorpore la harina. Vierta la pasta en el molde preparado y hornéela a 170 °C durante 25 minutos. Desmolde el bizcocho y déjelo enfriar sobre una rejilla. Para 6-8 personas.

### SERVIR UN BIZCOCHO DE PASTA BATIDA

Un bizcocho de pasta batida se puede servir cortado en capas intercaladas con crema batida y confitura y espolvoreado con azúcar refinado o lustre, aunque también se puede decorar elaboradamente. Pruebe una de las siguientes ideas:

- Rellénelo con una *mousse* de frambuesas y frambuesas enteras (como el brazo de gitano de la página siguiente).
- Embébalo en almíbar y licor, córtelo a capas e intercálelas con crema batida y puré de frutas (*véase* página 27).
- Rellénelo y decórelo con *chantilly* y frutas frescas (*véase* página 33).

## PREPARAR UN BIZCOCHO DE PASTA BATIDA

*Los pasteleros utilizan una batidora para incorporar la máxima cantidad de aire posible. Para acelerar el proceso de espesamiento, el cuenco se pone sobre agua caliente; hay que tener cuidado de que no toque el agua o la mezcla se empezará a cocer.*

1 Ponga los huevos y el azúcar en un cuenco grande refractario, bata vigorosamente los huevos y empiece a mezclarlos con el azúcar.

2 Ponga el cuenco sobre una cacerola con agua caliente y bata hasta que la mezcla esté lo suficientemente espesa para dejar un surco en forma de ocho en la superficie al levantar la batidora.

3 Retire la vasija de la olla y siga batiendo hasta que la mezcla se haya enfriado y esté muy espesa, 3-5 minutos.

4 Añada la harina en varias tandas con una espátula de goma. Corte toda la mezcla para evitar que se pierda el aire.

5 Vierta lentamente la pasta en el molde preparado, dejándola caer suavemente con la espátula.

6 Si el bizcocho está bien cocinado ha de estar dorado, bien subido y sentirse firme pero flexible al tocarlo.

## Enriquecer un bizcocho de pasta batida

*Añada mantequilla derretida a la pasta batida del bizcocho básico para enriquecerla y para que quede más jugosa. La mantequilla se ha de enfriar bien después de derretirla y se ha de añadir lentamente a la mezcla batida una vez incorporada la harina. Hornee el bizcocho inmediatamente después de haber mezclado la pasta.*

1 Derrita 20 g de mantequilla sin sal y déjela enfriar. Viértala poco a poco sobre la superficie de la mezcla batida.

2 Incorpore suavemente la mantequilla, cortando la mezcla con la espátula para que no se escape el aire, hasta que quede perfectamente incorporada.

### Qué quiere decir...

Al bizcocho de pasta batida también se le suele llamar bizcocho genovés o *génoise* en francés. Considerado uno de los bizcochos clásicos franceses, en realidad proviene de Génova. Hay diferentes recetas de este tipo de bizcocho, en algunas apenas se les pone grasa y otras están enriquecidas con mantequilla. Si va a hacer un pastel cortado a capas intercaladas con otros ingredientes, el bizcocho sin grasa es más ligero.

## Preparar un brazo de gitano

*El bizcocho de un brazo de gitano se hornea en un molde rectangular, se enfría y se enrolla alrededor de un relleno. Siga la técnica del bizcocho de pasta batida de la página anterior y utilice 4 huevos, 125 g de azúcar y 75 g de harina. Hornee el bizcocho en un molde de 22 × 33 cm a 190-200 °C, de 4 a 5 minutos. Para los rellenos,* véase *recuadro, página anterior.*

1 Saque el bizcocho del molde con el papel y póngalo sobre la rejilla. Déjelo enfriar.

2 Ponga la parte superior hacia abajo sobre una hoja de hornear espolvoreada con azúcar.

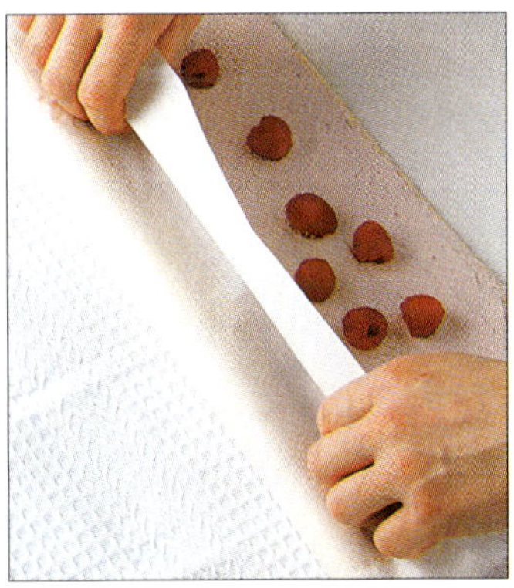

3 Transfiera el bizcocho, todavía sobre el papel, a un lienzo. Extienda el relleno escogido. Doble 2 cm de bizcocho por el lado largo con el papel como guía. De esta manera será más fácil enrollarlo.

4 Enrolle el bizcocho con cuidado, ayudado por el papel. Si quiere que quede más apretado, consulte el recuadro de la derecha. Ponga el brazo de gitano acabado con la parte de la junta hacia abajo y espolvoréelo por encima con azúcar lustre o refinado justo antes de servirlo.

### Trucos de cocinero

*Utilice esta técnica para que el brazo de gitano quede con una presentación más limpia.*

Introduzca una espátula entre el bizcocho y el papel. Estire del papel alejándolo de la paleta.

# Pasteles especiales

Estos pasteles se basan en técnicas especiales relacionadas con los ingredientes y la forma del pastel. Con la utilización de técnicas pasteleras como aromatizar capas de bizcocho y ponerlas unas sobre otras se añade interés y sabor a los pasteles.

## Preparar un pastel del ángel

*Este famoso bizcocho americano es diferente porque está hecho con claras de huevo en lugar de yemas y por eso es tan ligero y etéreo. El* crémor *tártaro se bate con las claras para endurecerlas y dar cuerpo al merengue, y el bizcocho se enfría con el molde invertido para evitar que se encoja y para que conserve su forma.*

1 Con una espátula, mezcle la harina, la maicena y la vainilla con el merengue. No la mezcle en exceso porque el aire se puede escapar.

2 Ponga la pasta en el molde especial para este pastel sin engrasarlo ni enharinarlo. Nivele la superficie con la espátula y hornéelo inmediatamente.

3 Después de hornearlo, invierta el molde sobre sus patas; si el molde no tiene patas, inviértalo sobre un embudo o sobre el cuello de una botella. Enfríe el bizcocho completamente y desmóldelo.

### PASTEL DEL ÁNGEL

*12 claras de huevo (unos 350 ml)*
*1 1/2 cucharaditas de crémor tártaro*
*280 g de azúcar refinado*
*85 g de harina tamizada*
*25 g de maicena tamizada*
*1 cucharadita de esencia de vainilla*

Bata las claras de huevo hasta que empiecen a espumar, agregue el *crémor* tártaro y continúe batiendo hasta que estén a punto de nieve. Añada el azúcar, batiendo tras cada adición para obtener un merengue firme. Añada la harina, la maicena y la vainilla. Vierta la pasta en un molde especial para este bizcocho o un molde de tubo sin engrasar y hornéelo a 175 °C durante 40-45 minutos. Invierta el molde y deje que el bizcocho se enfríe dentro. Para 10-12 personas.

## Preparar una torta de chocolate

*Las tortas austríacas no tienen harina. En este tipo de bizcocho, los frutos secos finamente molidos la sustituyen, expulsando parte del aceite que contienen y aportando al bizcocho una textura compacta. Es absolutamente esencial un chocolate de buena calidad con un alto contenido en manteca de cacao.*

1 Bata el chocolate rallado y los frutos secos molidos con los ingredientes batidos hasta que todo quede bien mezclado.

2 Con una espátula, incorpore con cuidado el merengue en 3 o 4 veces.

3 Presione el centro del bizcocho: se ha de notar ligeramente blando. Cuando se vaya enfriando, se irá haciendo más compacto.

### TORTA DE CHOCOLATE

*225 g de mantequilla sin sal*
*150 g de azúcar moreno*
*4 huevos, yemas y claras separadas*
*200 g de chocolate sin azúcar rallado*
*200 g de avellanas molidas*
*25 g de almendras molidas*
*50 g de azúcar refinado*

Engrase y forre una tartera de 23 cm de diámetro. Reduzca a crema la mantequilla y el azúcar, añada las yemas de huevo y bátalo todo. Agregue el chocolate rallado y los frutos secos molidos y bátalos hasta mezclarlos. Bata las claras en otro cuenco hasta que estén firmes; añada el azúcar y siga batiendo. Incorpore a la mezcla de chocolate. Vierta la pasta y hornéela a 150 °C, 50 minutos. Para 10-12 personas.

## Cortar y remojar

*Para que un pastel a capas tenga un acabado atractivo, éstas se han de cortar bien. La técnica que aquí utilizamos sirve para cortar discos iguales que encajan perfectamente cuando se monta el pastel (véase derecha). Remojar las capas en almíbar y licor es ideal para aportar sabor al bizcocho.*

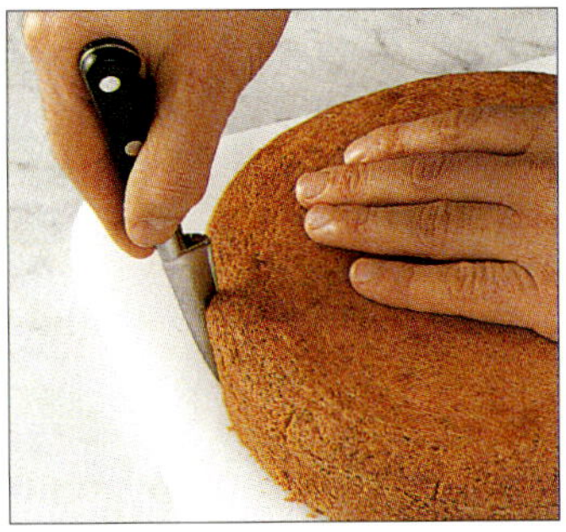

1 Con un cuchillo pequeño, haga un pequeño corte en un lado del bizcocho.

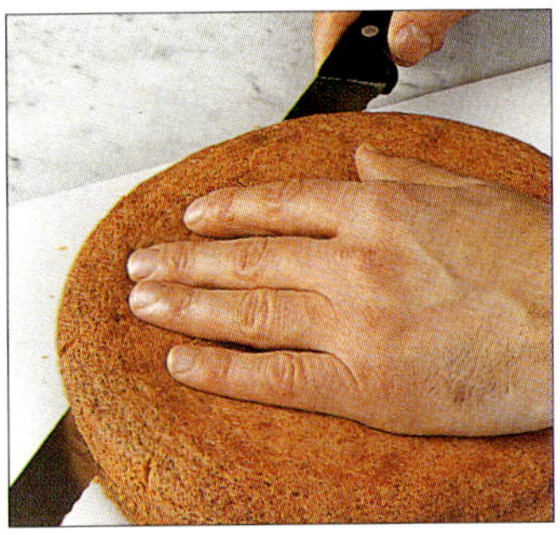

2 Con un cuchillo dentado y con un movimiento de sierra, corte el pastel en dos o tres capas.

3 Pincele las superficies cortadas con un almíbar ligero y con 2 o 3 cucharadas de licor.

## Rellenar y montar el pastel

*Después de cortar y remojar los discos de bizcocho (véase izquierda), éstos se pueden volver a juntar con un relleno de su elección. Aquí se ha empleado un relleno de crema batida y puré de frambuesas; para más ideas sobre rellenos, véase recuadro, página 24. Reserve la base del bizcocho para ponerla encima.*

1 Extienda el relleno sobre un disco de bizcocho, ponga el siguiente alineando los cortes; repita.

2 Ponga por encima el último disco con la parte cortada hacia abajo y alinee los cortes.

3 Extienda el relleno por la superficie y los lados del bizcocho con una espátula caliente.

## Preparar un pastel de merengue

*Los pasteleros utilizan esta técnica profesional montando varias capas de bizcocho para crear pasteles con acabados muy precisos. En este caso, los discos de merengue se recubren con la* mousse *de chocolate, pero puede utilizar la misma técnica con los discos de bizcocho y el relleno anterior. Para preparar los cigarrillos de chocolate de la decoración, véase página 45.*

1 Ponga un disco de merengue sobre un cartón dentro de un molde redondo sin base metálica: cubra el disco con una capa de *mousse*; ponga otro disco de merengue, siga poniendo capas y termine con una capa de *mousse*.

2 Enrolle un lienzo caliente alrededor del molde de 1 a 2 minutos y levántelo con cuidado.

# PASTELES DE QUESO

Horneados o sin hornear, con una base de galletas desmenuzadas o con pasta quebrada, los pasteles de queso son muy fáciles de hacer. El pastel puede ser ligero y esponjoso o rico y denso, según el método empleado y el tipo de queso utilizado.

### PASTEL DE QUESO Y FRAMBUESA

*250 g de galletas María desmenuzadas*
*60 g de mantequilla derretida*
*15 g de gelatina en polvo*
*4 cucharadas de agua*
*125 ml de crema de leche espesa*
*500 ml de puré de bayas sin azúcar*
*125 g de azúcar refinado*
*250 g de requesón*

Prepare una base de galletas y mantequilla, póngala en un molde desmontable de 25 cm de diámetro y refrigérela. Prepare la gelatina en el agua. Bata la crema. Mezcle los ingredientes, agrégueles la gelatina disuelta, la crema y mézclelo todo. Vierta en el molde. Refrigere 4 horas. Para 6-8 personas.

## PREPARAR UNA BASE DE MIGAS

*Las bases de migas de galleta unidas con mantequilla derretida se enfrían en la nevera para que se solidifiquen y se utilizan para pasteles de queso no horneados y enfriados en la nevera, pero también para horneados (*véase *página siguiente). Si lo desea, puede desmenuzar las galletas en una picadora.*

1 Trocee las galletas. Póngalas en una bolsa de plástico fuerte y aplástelas pasándoles un rodillo por encima.

2 Pase las galletas desmenuzadas a un cuenco grande; vierta la mantequilla derretida y remuévalo todo con una cuchara metálica hasta que todo esté bien mezclado.

3 Presione la mezcla de galletas contra la base del molde con el dorso de una cuchara metálica y alise y aplane la superficie para obtener una capa uniforme.

## PREPARAR UN PASTEL DE QUESO FRÍO

*El puré de frutas, el requesón y la crema batida se cuajan con gelatina para obtener una textura parecida a la de una* mousse *pero lo suficientemente compacta para cortarla. Este tipo de pastel de queso es más ligero que el horneado. En la receta del recuadro se utiliza esta técnica.*

**INCORPORAR LA GELATINA**
Agregue removiendo la gelatina disuelta a una mezcla de puré de bayas y queso hasta que todo se mezcle bien.

**ABRIR LA PINZA**
Abra lentamente la pinza situada en el lateral del molde; de esta manera el borde queda suelto y el pastel se separa del molde.

**SACAR EL MOLDE**
Ponga el molde sobre un cuenco un poco más pequeño que la base; suavemente, deje caer el molde hacia abajo, dejando el pastel sobre la base metálica.

## PREPARAR UN PASTEL DE QUESO HORNEADO

*Este tipo de pastel de queso se suele hornear con una base de pasta. En este caso, se ha utilizado una pasta crujiente y dulce con queso crema al estilo austríaco enriquecida, pero también puede utilizar una simple pasta quebrada o azucarada. La pasta siempre se ha de hornear sola, para que el relleno no la ablande.*

1 Prepare el relleno: bata el queso crema, el requesón granulado y el azúcar con una cuchara de madera hasta que estén bien mezclados; añada el resto de los ingredientes del relleno y remuévalos hasta que la harina y la maicena se hayan incorporado uniformemente.

2 Enfonde la base del molde con un círculo de pasta y el lateral con una tira ancha. Asegúrese de que las juntas están bien selladas para que el relleno no se salga.

3 Después de quitar el papel de aluminio y las legumbres, vierta el relleno con un cucharón sobre la pasta parcialmente horneada. Llénela casi hasta el borde.

4 Cuando el pastel de queso está cocido, la pasta se separará de las paredes del molde y, al insertar una broqueta metálica, ésta saldrá limpia.

5 Para decorarlo, ponga una blonda de papel sobre el pastel. Ponga azúcar lustre en un tamiz pequeño y espolvoréela suavemente sobre el pastel. Quite la blonda con cuidado. También puede adornar el pastel de queso con bayas glaseadas o con copos de chocolate (*véase* página 44).

### PASTEL DE QUESO AUSTRÍACO

*375 g de queso crema*
*350 g de requesón granulado*
*175 g de azúcar refinado*
*4 huevos ligeramente batidos*
*125 ml de crema agria*
*215 g de harina*
*1 cucharada de maicena*
*2–3 cucharadas de agua*

Prepare el relleno: bata 250 g de queso crema con el requesón y el azúcar. Agregue los huevos, la crema agria, 2 cucharadas de harina y la maicena y mézclelo todo.

Prepare la pasta: restriegue el resto del queso crema con la harina restante. Añada el azúcar y el agua suficiente para unir la pasta. Póngala en la nevera durante 30 minutos. Extienda la pasta y forre con ella la base y las paredes de un molde desmontable de 25 cm de diámetro. Hornee la pasta sola a 180 °C durante 10-15 minutos.

Vierta el relleno y hornee el pastel de 40 a 45 minutos hasta que esté cuajado. Déjelo enfriar en el molde y después desmóldelo. Para 12 personas.

# GLASEADOS PARA PASTELES

Un pastel puede transformarse en un postre impresionante con un glaseado. Los glaseados básicos como el glaseado al agua, el glaseado real, el de chocolate y la crema de mantequilla, son fáciles de hacer, mientras que la crema *chantilly* batida es un secreto.

## GLASEADO AL AGUA

*Este sencillo glaseado se suele preparar con azúcar lustre y agua caliente, pero muchos pasteleros lo hacen con zumo de fruta o con licor. Para cubrir la parte superior y los laterales de un bizcocho de 20 cm de diámetro necesitará 175 g de azúcar lustre y 1-2 cucharadas de líquido. Use el glaseado tras hacerlo.*

1 Tamice el azúcar lustre sobre un cuenco. Deshaga los grumos con una cuchara metálica.

2 Añada un poco de agua caliente o del líquido escogido y bata con fuerza.

3 Siga batiendo hasta obtener una pasta homogénea y añada más líquido si fuese necesario.

## GLASEADO REAL

*Para retardar su solidificación, añada glicerina. Para cubrir un bizcocho de 24 cm de diámetro necesitará 500 g de azúcar lustre, 2 claras de huevo, 2 cucharadas de zumo de limón y 2 cucharaditas de glicerina. Cubra el glaseado con plástico, déjelo reposar durante la noche y remuévalo antes de aplicarlo.*

1 Ponga el azúcar tamizado en un cuenco y haga un hueco en el centro. Añada las claras de huevo y el zumo de limón.

2 Bata la mezcla hasta que se espese, unos 10 minutos; luego añada batiendo la glicerina.

### PREPARAR UNA MANGA PASTELERA DE PAPEL

*Utilice papel de hornear. La punta de la manga se puede cortar para variar su tamaño.*

Corte un cuadrado de papel de 25 cm por la mitad diagonalmente. Forme un cono.

Enrolle el otro punto del triángulo alrededor y júntelo con los otros dos.

Una los tres puntos para formar un extremo puntiagudo y doble el papel sobrante por dentro; arrúguelo para que mantenga la forma.

## GLASEADO DE CHOCOLATE

*Un glaseado brillante, como el del pastel Sacher inferior, es fácil de obtener siguiendo esta técnica. Es esencial utilizar chocolate de buena calidad sin azúcar; aquí se han utilizado botones de chocolate de cobertura porque se derriten con facilidad. Antes de hacer el glaseado de chocolate, glasee el bizcocho.*

1 Añada el chocolate al almíbar de azúcar, bátalo a fuego moderado hasta que quede bien mezclado y sin grumos.

2 Para comprobar el punto de hebra, moje los dedos en agua helada y en el chocolate, sepárelos para ver si se forma un hilo.

3 Ponga el cazo sobre un lienzo y golpéelo para eliminar las burbujas de aire. Utilice el glaseado inmediatamente.

### GLASEADO DE CHOCOLATE

*150 g de azúcar refinado*
*150 ml de agua*
*300 g de botones de chocolate*

Prepare un almíbar de azúcar con el azúcar y el agua. Añada los trozos de chocolate y bátalo todo hasta que quede bien mezclado. Cueza a fuego lento de 3 a 5 minutos hasta que esté a punto de hebra (110 °C). Retire el cazo del fuego y golpéelo sobre la mesa para eliminar las burbujas de aire. Utilice el chocolate inmediatamente. Con estas cantidades hay suficiente para bañar un bizcocho de 25 cm de diámetro.

### TRUCOS DE COCINERO

*Los glaseados de confitura se utilizan para cubrir los pasteles antes del glaseado final para que queden brillantes y jugosos; también se utilizan sobre frutas en tartas y tartaletas para que se conserven frescas y brillantes.*

Derrita 100 g de confitura (de albaricoque para los pasteles de chocolate y de frutas rojas para los de frutas). Tamice la confitura caliente para eliminar los grumos de fruta. Vuélvala a poner en el cazo, añada 50 ml de agua y lleve a ebullición sin dejar de remover. Para glasear el bizcocho, póngalo sobre una rejilla y aplíquele el glaseado caliente.

## APLICAR UN GLASEADO DE CHOCOLATE

*Para conseguir un acabado perfecto, hay que trabajar con rapidez y con buen pulso. Antes de cubrir el pastel, póngalo sobre una rejilla colocada sobre un papel de hornear para recoger las gotas que caigan y para que no se acumulen alrededor de la base. Cuando el glaseado se haya solidificado quedará brillante y liso.*

1 Vierta el glaseado de chocolate (*véase* superior) en el centro del pastel previamente glaseado con confitura de albaricoque (*véase* recuadro, izquierda).

2 Extienda rápidamente el chocolate sobre el pastel con una espátula caliente. Deje que el chocolate caiga por los lados.

3 Golpee la rejilla sobre la mesa para que el glaseado de chocolate se asiente. Déjelo que se solidifique, de 5 a 10 minutos.

## ACABADO

*El chocolate derretido es fácil de aplicar con una manga de papel. Un ejemplo clásico del chocolate aplicado de esta forma lo constituye el pastel austríaco Sacher, decorado de forma sencilla y elegante con su nombre.*

Llene una manga de papel (*véase* página anterior) con chocolate derretido. Doble la manga para cerrarla y recorte la punta. Apriete la bolsa para que salga el chocolate mientras escribe el nombre.

## GLASEADO DE CREMA DE MANTEQUILLA

*160 g de azúcar refinado*
*85 ml de agua*
*2 yemas de huevo*
*1 huevo*
*250 g de mantequilla sin sal ablandada*

Prepare un almíbar a punto de bola blanda con el azúcar y el agua. Bata ligeramente las yemas de huevo y el huevo en una batidora. Con la batidora en marcha, agregue el almíbar. Bata la mezcla hasta que esté fría y tenga una consistencia parecida a la de una *mousse* y un color pálido. Trocee la mantequilla y añádala poco a poco al recipiente. Aumente a la velocidad máxima hasta que se haya incorporado toda la mantequilla. Cuando la mezcla esté pálida y espumosa puede añadir algún aromatizante si lo desea.
Estas cantidades son suficientes para cubrir un bizcocho de 24 cm de diámetro.

## GLASEADO DE CREMA DE MANTEQUILLA

*Este glaseado muy cremoso se obtiene batiendo mantequilla en un sabayón de huevos y almíbar de azúcar. La salsa sabayón ha de estar a temperatura ambiente fresca antes de añadirle la mantequilla, pues si está muy caliente la mantequilla se derrite y si está muy fría se solidifica. La crema de mantequilla se puede utilizar para rellenar un pastel o para cubrirlo, sola o aromatizada con vainilla o con licor.*

1 Hierva el almíbar a punto de bola blanda. Para comprobarlo sin termómetro, moje los dedos en agua helada e inmediatamente después en el almíbar; el almíbar que se queda pegado a los dedos ha de conservar su forma pero al apretarlo se ha de notar blando.

2 Batiendo a velocidad media, vierta el almíbar caliente en un chorrito constante por un lado del cuenco para añadirlo a las yemas y al huevo. Siga batiendo a velocidad media para preparar un sabayón (*véase* página 19) pálido, espeso y frío.

3 Con la batidora a velocidad máxima, añada trozos de mantequilla ablandada y asegúrese de que cada trozo está perfectamente mezclado antes de añadir el siguiente. Cuando haya incorporado toda la mantequilla, añada el aromatizante escogido.

## PREPARAR CREMA DE MANTEQUILLA

*Esta sencilla mezcla de clara de huevo, azúcar y mantequilla se suele utilizar para cubrir pasteles de cumpleaños infantiles. Es una alternativa sencilla a la crema de mantequilla profesional; es fácil de hacer y no se necesitan utensilios especiales.*

Con una cuchara de madera, bata 125 g de mantequilla hasta que esté blanda. Agréguele poco a poco 250 g de azúcar lustre tamizado y bátalo todo hasta conseguir una mezcla suave y esponjosa; añada unas cuantas gotas de aromatizante o colorante, si lo desea.
Siga batiendo hasta que la mezcla esté muy pálida y espumosa y añada un poco de agua si la nota demasiado espesa.

4 Levante la batidora del cuenco y retire la mantequilla. Refrigérela de 5 a 10 minutos para endurecerla. Ya está lista para su empleo.

## Glaseado de crema batida

*Una de las formas más rápidas, fáciles y eficaces de rellenar y glasear un bizcocho es con crema batida. Los pasteleros suelen utilizar* chantilly *(véase página 19), ya que su sabor a vainilla armoniza con el del bizcocho y las frutas frescas, obteniendo un postre fabuloso. Aquí, un bizcocho de pasta batida* (véase *página 24) se ha cortado en tres discos que se han remojado en almíbar y kirsch. Para un bizcocho de 25 cm de diámetro se necesitan unos 500 ml de crema de leche espesa y 200 g de fruta.*

1 Corte el bizcocho en discos y remójelos (*véase* página 27); póngalos sobre un cartón para pasteles. Extienda la crema *chantilly* sobre los discos y ponga por encima las frutas frescas.

2 Alise la capa de crema y si sobra un poco extiéndala por los laterales del bizcocho con una espátula; cubra la capa superior con *chantilly* e intente que quede lo más lisa posible.

3 Con la punta de la espátula, extienda más crema por los lados. Con una plataforma giratoria, si la tiene, vaya girando el pastel.

4 Para alisar los lados utilice una rasqueta plana. Manténgala en un ángulo de 45° mientras va girando el pastel. Repita la misma operación con una rasqueta dentada para obtener un borde acanalado.

5 Pase el pastel sobre un cartón más pequeño. Póngalo sobre una plataforma giratoria; presione frutos secos tostados fileteados por el borde de la base, apretándolos contra la crema.

6 Con la punta de un cuchillo, marque 12 porciones en la superficie del pastel y, con una manga pastelera provista de boquilla en forma de estrella, haga una roseta en cada porción.

7 Decore el pastel como en la fotografía, con fresones partidos por la mitad y sumergidos en un glaseado de confitura roja (*véase* recuadro, página 31) y frutos secos. También puede probar con frutas y frutos secos de su elección.

### Trucos de cocinero

**Ablandar la confitura**

*Así, la confitura no rompe el bizcocho al extenderla sobre su superficie.*

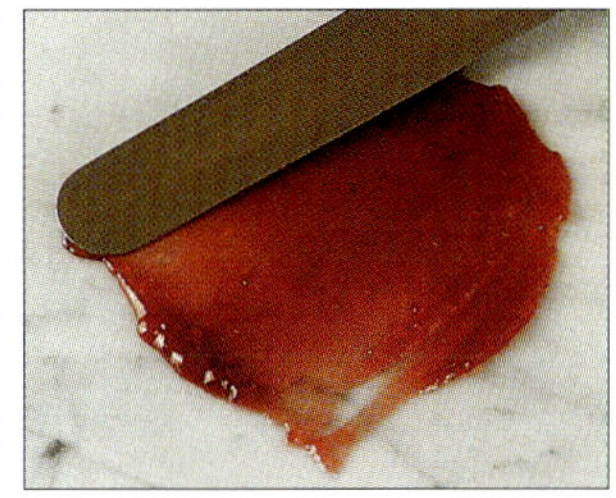

Ponga confitura sin semillas o tamizada sobre una mesa lisa y extiéndala hacia delante y hacia atrás con una espátula hasta que tenga una consistencia muy blanda y sea fácil de untar.

Esta técnica resulta especialmente útil con bizcochos de pasta batida elaborados sin grasa, porque tienen una costra delicada. La capa fina de bizcocho de un brazo de gitano (*véase* página 25) es especialmente delicada y se puede romper si se unta con confitura que no ha sido previamente ablandada.

# REPOSTERÍA

Delicados, pequeños y espléndidamente frívolos, estos tentadores bocaditos son las estrellas de los postres. La repostería, una variedad exquisita y delicada de pequeños pastelillos, galletas, frutas y chocolate, exige mucha atención en el detalle, incluso en los pastelillos más sencillos. Hornéelos con cuidado, pues se queman fácilmente.

## TEJAS DE ENCAJE

*70 ml de zumo de naranja*
*ralladura de 1 naranja*
*50 ml de Grand Marnier*
*250 g de azúcar refinado*
*100 g de mantequilla sin sal*
*200 g de almendras granuladas*
*125 g de harina*

Mezcle todos los ingredientes en un cuenco. Engrase una placa de hornear con mantequilla y ponga pequeños montoncitos de la mezcla sobre ella, de 5 en 5. Aplánelos con un tenedor y hornéelos a 180 °C, 5 minutos. Saque las tejas y póngalas sobre un rodillo engrasado con aceite para darles forma mientras se hornean las 5 siguientes. Para 25 tejas.

**TEJAS DE ENCAJE**
*Tuile* en francés significa teja y estos deliciosos pastelillos se llaman así por su forma.

**OPERETAS**
Prepare un bizcocho para brazo de gitano (*véase* página 25) y córtelo en tres trozos. Sobre el primero extienda una capa de *ganache*. Cúbralo con otro trozo y remójelo con almíbar con sabor a café. Cubra el bizcocho con un glaseado de crema de mantequilla (*véase* página 32) y póngale por encima el último trozo. Cubra el bizcocho con *fondant* de chocolate. Córtelo en cuadrados. Para 21 pastelillos.

## FINANCIEROS

*30 g de pasas*
*3 cucharadas de ron*
*60 g de mantequilla sin sal, derretida*
*60 g de claras de huevo*
*60 g de azúcar refinado*
*30 g de harina*
*30 g de almendras molidas*

Engrase seis moldes pequeños de tartaleta ovalados. Remoje las pasas en el ron 15 minutos, como mínimo. Mezcle todos los ingredientes y añada las pasas. Divida un cuarto de mezcla en los moldes y hornee a 200 °C, 10 minutos. Retire del horno y repita la operación tres veces con la mezcla restante. Remoje con el ron restante. Para 24 financieros.

**FINANCIEROS**
Son pequeños bizcochos aromatizados de varias formas. Pruebe a sustituir el ron por un aguardiente o las pasas por frutos secos u otras frutas secas.

**ALQUEJENJES CARAMELIZADOS**
Levante con cuidado las hojas de los alquejenjes y retuérzalas por la base. Prepare un caramelo ligero y bañe las bayas en él, sin tocar las hojas, dejando escurrir el caramelo sobrante. Póngalas de pie sobre una hoja de papel de hornear engrasada y deje que el caramelo se solidifique.

### Bolitas de helado

Con un vaciador para hacer bolas de melón, haga bolitas de helado. Trabaje con rapidez para que el helado no se derrita. Ponga las bolas sobre papel de hornear y cláveles un palillo. Congele las bolas durante 10 minutos y sumérjalas en chocolate derretido enfriado hasta que estén bien cubiertas; póngalas inclinadas sobre papel de hornear y deje que el chocolate se solidifique.

### Tartaletas de limón

Prepare la mitad de la pasta quebrada azucarada. Enfonde 6 moldes pequeños de tartaletas y hornée a 180 °C, de 7 a 10 minutos. Saque la pasta de los moldes. Repita la misma operación cinco veces más. Prepare la mitad de crema pastelera y añádale el zumo de 2 limones. Ponga la crema en las tartaletas y espolvoréelas con azúcar lustre. Caramelice.

### Espejos de fruta de la pasión

1 Prepare una *mousse* de fruta de la pasión. Cúbrala con una jalea de fruta. Meta en la nevera hasta que solidifique.

2 Corte los espejos con un cortapastas metálico de 4 cm de diámetro. Colóquelos sobre papel de hornear y enfríelos en la nevera hasta el momento de servirlos.

### Trufas de almendras

1 Con un vaciador de melón, haga unas bolas con pasta de almendras y sumérjalas en *ganache* de chocolate blanco hasta que se cubran.

2 Pase las trufas por una rejilla para que no tengan una superficie lisa. Déjelas en la rejilla hasta que se solidifiquen y después póngalas en cestitas de papel.

# GALLETAS

Las galletas se presentan en una infinita variedad de formas, texturas y sabores; las siguientes técnicas nos revelan algunas de las mejores, desde las galletas enrolladas, cortadas en rodajas o con manga pastelera de masas parecidas, hasta las mantecosas galletas de mantequilla, las crujientes pastas de coñac y los típicos bizcochos de soletilla y tejas francesas.

### PASTAS BÁSICAS

**Galletas enrolladas:** ablande 125 g de mantequilla sin sal y bátala con 150 g de azúcar refinado. Cuando la mezcla esté homogénea, añádale 2 yemas de huevo y 225 g de harina. Agréguele 50 g de pasas, sultanas o pasas de Esmirna. Dé forma y hornée a 180 °C, 15 minutos. Para 12-15.

**Galletas de formas libres:** derrita 125 g de mantequilla sin sal. Añádale 150 g de azúcar refinado. Cuando la mezcla esté fría, incorpórele 2 claras de huevo, 100 g de harina y 125 g de almendras molidas. Dé forma a las galletas y hornéelas a 180 °C, 15 minutos. Para 12-15.

### GALLETAS DE MANTEQUILLA

*115 g de mantequilla ablandada*
*55 g de azúcar refinado*
*115 g de harina*

Mezcle la mantequilla y el azúcar hasta obtener una crema ligera y esponjosa. Añada la harina sin dejar de remover. Ponga la mezcla en un molde engrasado de 31 x 21 cm y apriétela con las yemas de los dedos para comprimir y nivelar la pasta.

Corte la pasta en rectángulos del mismo tamaño, sin llegar hasta la base del molde. Hornee a 170 °C durante 35 minutos o hasta que la preparación esté ligeramente dorada. Déjela enfriar en el molde unos 5 minutos, espolvoree con azúcar y corte los rectángulos. Déjelos enfriar en el molde 1 hora, sáquelos y enfríelos completamente sobre una rejilla. Para 18 rectángulos.

## GALLETAS ENROLLADAS

*En estas galletas, la pasta (véase recuadro, izquierda) es lo suficientemente compacta para extenderla y cortarla o enrollarla y cortarla en rodajas. Esta pasta se extiende muy poco en la placa durante la cocción, por lo tanto no es necesario separar mucho las galletas. Amase ligeramente la pasta hasta que quede unida y póngala en la nevera. Extienda los recortes sólo una vez más, porque si no las galletas quedarán duras.*

**Extender y cortar**
Enfríe la pasta en la nevera y después extiéndala. Corte las formas con un cortapastas.

**Enrollar y cortar en rodajas**
Haga un rollo largo con la pasta, envuélvalo y póngalo en la nevera. Corte el rollo transversalmente en rodajas uniformes.

## GALLETAS DE MANTEQUILLA

*Esta torta dulce de mantequilla se ha preparado con arroz molido que le aporta una textura crujiente, pero puede utilizar sémola en lugar de arroz. Si quiere, le puede dar forma redonda sobre una placa de hornear o más precisamente dentro de un anillo metálico. Las galletas de mantequilla suelen tener los bordes rizados.*

1 Presione la pasta firmemente con los dedos en el molde enmantecado y asegúrese de que tiene el mismo grosor.

2 Cuando todavía está caliente, espolvoréela con azúcar refinado y córtela en rectángulos con un cuchillo de cocinero.

3 Después de enfriarlos en el molde durante 5 minutos, pase los rectángulos a una rejilla y deje que se enfríen completamente.

## GALLETAS DE FORMAS LIBRES

*Estas galletas están hechas con una pasta más blanda que la de las galletas enrolladas (véase recuadro, página anterior), lo suficientemente blanda para dejarla caer con una cuchara o manga pastelera sobre la placa del horno, sin necesidad de extenderla antes. Asegúrese de que las galletas tienen el mismo tamaño para que se horneen y sepárelas bastante, pues la pasta tiende a extenderse.*

**CON CUCHARA**
Haga montoncitos con la pasta o viértala con una cuchara sobre la placa de hornear.

**CON MANGA PASTELERA**
Llene con la pasta una manga pastelera provista de boquilla estrellada. Haga rosetas sobre la placa.

## BARQUILLOS DE COÑAC

*Estas galletas ligeras y crujientes se moldean una vez horneadas, mientras todavía están calientes y maleables. Si trabaja con rapidez no se endurecerán, pero si lo hiciesen, póngalas otra vez en el horno unos 30 segundos para que se ablanden.*

1 Separe bien las cucharaditas de pasta en la placa del horno; presione la pasta con las yemas de los dedos para extenderla hasta formar un redondel de 3 cm de diámetro.

2 Cuando haya horneado las galletas, déjelas reposar 1 minuto y después despréndalas de la placa con una espátula.

3 Enróllelas con la parte rugosa por fuera, alrededor del mango engrasado de una cuchara y superponga los bordes. Saque los barquillos del mango y póngalos sobre una rejilla para enfriar.

## ACABADOS

*Para mejorar el aspecto, el sabor y la textura de las galletas, pruebe los siguientes métodos.*

**ESPOLVOREAR AZÚCAR**
Para conseguir una textura crujiente, espolvoree azúcar moreno sobre las galletas antes de hornearlas. Si las quiere más crujientes, añada más azúcar.

**CAPA DE CHOCOLATE**
Extienda chocolate derretido sobre un lado de las galletas después de hornearlas. Deje que éste se solidifique.

### BARQUILLOS DE COÑAC

*115 g de mantequilla*
*115 g de azúcar moreno*
*2 cucharadas de almíbar de caña*
*115 g de harina*
*1 cucharadita de jengibre molido*
*1 cucharadita de brandy*

Derrita la mantequilla, el azúcar y el almíbar. Agregue la harina, el jengibre y el coñac. Ponga cuatro cucharaditas de la mezcla sobre una placa engrasada. Hornee a 180 °C, 7-10 minutos. Déles forma de una en una con el mango engrasado de una cuchara de madera mientras todavía están calientes. Haga lo mismo cinco veces más. Para 20.

## BIZCOCHOS DE SOLETILLA

*3 huevos, yema y clara separadas*
*100 g de azúcar refinado*
*75 g de harina tamizada*
*azúcar lustre para espolvorear*

Engrase una placa de hornear y fórrela con papel. Bata las claras de huevo a punto de nieve y, poco a poco, añádales la mitad del azúcar sin dejar de batir hasta que la mezcla esté compacta y brillante. Bata en otro cuenco las yemas de huevo con el resto del azúcar y agregue el merengue y por último la harina. Extienda la pasta con una manga pastelera sobre la placa y espolvoree con azúcar lustre dos veces. Hornee los bizcochos a 180 °C hasta que estén dorados, 10 minutos. Déjelos enfriar sobre una rejilla. Para 10-12.

## PASTA PARA ESTARCIR

*3 claras de huevo*
*100 g de azúcar lustre*
*100 g de harina*
*60 g de mantequilla sin sal derretida*
*esencia de vainilla (opcional)*

Bata las claras de huevo y el azúcar lustre hasta obtener una mezcla homogénea. Añada la harina y bátalo todo hasta que esté bien mezclado. Vierta la mantequilla derretida y unas gotas de esencia de vainilla, si lo desea, y remueva la mezcla suavemente hasta que esté lisa. Tápela y déjela reposar en la nevera durante 30 minutos. Para hacer tejas, engrase la placa de hornear y un rodillo. Ponga seis cucharaditas de pasta sobre la placa y extienda la pasta con un tenedor mojado hasta formar círculos de 5 cm de diámetro. Hornee a 180 °C, 5-8 minutos. Cuando todavía estén calientes, déles forma sobre el rodillo; haga lo mismo con el resto de la pasta. Para 18.

Para hacer tulipas, hornee como las tejas, pero extendiendo las cucharadas de pasta en círculos de 10 cm. Cuando todavía estén calientes, déles forma con dos moldes. Para 8-10.

## PREPARAR BIZCOCHOS DE SOLETILLA

*Estos bizcochos etéreos y esponjosos se hacen con una mezcla de merengue enriquecida con yemas de huevo. Mezcle con suavidad todos los ingredientes para evitar que el aire se escape. Espolvoreando los bizcochos dos veces, se obtienen las características «perlas» de azúcar sobre su superficie.*

1 Con una manga pastelera provista de una boquilla lisa de 2 cm, moldee bizcochos de 10 cm separados entre sí por 5 cm, sobre una hoja de papel de hornear.

2 Antes de hornearlos, espolvoréelos con la mitad del azúcar lustre. Déjelos reposar hasta que el azúcar se haya disuelto y espolvoréelos otra vez.

3 Sujete el papel y levante un extremo de la placa para quitar el exceso de azúcar.

## PREPARAR TEJAS

*Los pasteleros utilizan una clásica pasta para estarcir francesa (véase recuadro, izquierda) para hacer estas delicadas galletas curvadas. Dé forma a las galletas en cuanto las saque del horno, cuando todavía están calientes.*

**DAR FORMA A LA PASTA**
Utilice el dorso de un tenedor mojado en agua fría para que la pasta no se pegue.

**DAR FORMA A LAS GALLETAS**
Inmediatamente después de hornearlas, ponga las galletas sobre un rodillo engrasado para darles forma. Déjelas enfriar sobre una rejilla.

## PREPARAR TULIPAS

*Esta preparación se hace con la misma pasta que las tejas (véase izquierda), pero tiene forma de cestita para poder rellenarla con frutas y helado.*

Inmediatamente después de hornearla, presione cada forma todavía caliente dentro de un molde pequeño acanalado y, con cuidado, introduzca otro molde más pequeño para darle forma de tulipa. Quite los moldes con suavidad y ponga la tulipa sobre una rejilla hasta que esté fría y firme.

# NATILLAS Y CREMAS

La deliciosa unión entre la leche, el azúcar y los huevos constituye la base de sedosas salsas, cremas con aroma de vainilla y natillas finas y espesas. Los métodos que explicamos a continuación utilizan ingredientes similares, pero las técnicas, los tiempos de cocción y los ingredientes que se les añaden para enriquecerlos crean sabores y texturas diferentes.

## CREMA INGLESA

*Para cocer bien unas natillas sobre el fuego hay que vigilarlas atentamente. Para que los huevos no cuajen, no deje que la leche hierva mientras hace las natillas. Se han de cocer a fuego lento y removiendo constantemente alrededor de los lados y por la base del recipiente para que la crema no se queme.*

1 Remoje una vaina de vainilla en 500 ml de leche. Bata 5 yemas de huevo en un cuenco con 65 g de azúcar refinado. Quite la vainilla de la leche y lleve ésta a ebullición. Bata la leche con los huevos y viértalos en un cazo limpio.

2 Caliente la mezcla a fuego lento sin dejar de removerla con una cuchara de madera, hasta que se espese. Compruebe la consistencia pasando un dedo por el dorso de la cuchara. Ha de dejar un surco bien hecho. Para 625 ml.

## CREMA PASTELERA

*Si no va a usarla de inmediato, restriegue mantequilla por la superficie para evitar que se forme nata.*

Bata 6 yemas de huevo en un cuenco con 100 g de azúcar refinado, añada 40 g de maicena. Lleve a ebullición 600 ml de leche y añádalo a la mezcla. Viértalo en una cacerola y lleve a ebullición hasta que aparezcan burbujas en la superficie. Rebaje el fuego y cueza hasta que se espese.

## CREMA HORNEADA

*En Inglaterra la crema se hornea en una fuente refractaria y se sirve caliente. Mezcle 3 yemas de huevo con 50 g de azúcar, 25 g de harina normal y 25 de maicena. Añada 500 ml de leche y cueza la crema hasta que se espese. Viértala en la fuente. En Francia, la crema se hornea en moldes individuales y se sirve fría. La crema se hace igual que la inglesa, pero se prepara con 300 ml de crema de leche espesa y 200 ml de leche, más 2 yemas de huevo.*

**TÍPICA INGLESA**
Ralle nuez moscada sobre la fuente de crema y hornéela al baño María a 170 °C de 20 a 25 minutos. Sirva la crema caliente.

**MOLDES FRANCESES**
Hornee los moldes individuales de crema en un baño María frío a 170 °C de 15 a 20 minutos. Enfríelos en la nevera antes de servirlos.

## QUÉ QUIERE DECIR...

**CREMA INGLESA:** se trata de unas natillas típicas condimentadas con vainilla, aunque ahora también se añaden otros condimentos como ralladura de cítricos, chocolate y licores.

**CREMA MUSELINA:** es una crema pastelera enriquecida con mantequilla, que se utiliza como relleno de bizcochos y como base para postres. Es más firme que la crema pastelera normal, por lo que se utiliza para rellenar las hileras de lionesas del *croquembouche*.

**CREMA PASTELERA:** término que se utiliza para describir una crema espesada con harina normal y maicena. Se puede utilizar como base para suflés y relleno de bizcochos, tartas y pastas, especialmente los palos.

### TRUCOS DE COCINERO

**SI LA CREMA SE CORTA**
*Si el fuego está demasiado fuerte cuando se cuece una crema, ésta se corta. Para solventar este problema, retire el recipiente del fuego y bata las natillas o la crema con la cuchara hasta que queden bien mezcladas. Otra solución consiste en pasar las natillas o crema por un tamiz muy fino y batirlas hasta que queden homogéneas.*

# MASAS

Muchos cocineros se sienten inseguros cuando han de preparar *crêpes*, tortitas y budines de Yorkshire y, sin embargo, no tienen nada de misterio. Para conseguir masas sin grumos y obtener siempre buenos resultados, siga los procedimientos que explicamos a continuación.

### MASA PARA *CRÊPES*

*125 g de harina normal*
*1/2 cucharadita de sal*
*2 huevos batidos*
*300 ml de leche o de leche y agua*

Tamice la harina y la sal sobre un cuenco, haga un hueco en el centro y añada los huevos. Incorpore gradualmente la harina de los lados y vierta lentamente el líquido para formar una masa homogénea. Si es necesario, tamícela (*véase* página siguiente). Tape la masa y déjela reposar durante 30 minutos o toda una noche. Antes de utilizarla, bátala bien. Con esta cantidad de masa se pueden hacer unas 12 *crêpes*.

### SARTENES PARA *CRÊPES* Y *BLINIS*

Las sartenes para *crêpes* y para *blinis* son de hierro colado, que es buen conductor del calor. La única diferencia entre los dos tipos de sartenes es su tamaño: las de *crêpes* suelen tener 22 cm de diámetro y las de *blini* 12 cm. Antes de usarlas por primera vez hay que prepararlas para que después las preparaciones no se peguen. Caliente la sartén y restriéguela con sal. Enjuáguela y repita la operación con aceite. No lave la sartén después de utilizarla, pásele un trapo.

## CRÊPES

*Los cocineros franceses utilizan una sartén especial bien engrasada (*véase *recuadro de la izquierda) para hacer* crêpes *muy finas. No se preocupe si las primeras* crêpes *se le rompen o se pegan; hay muchos elementos que controlar: la temperatura de la sartén, la temperatura y la cantidad de mantequilla y la consistencia y cantidad de la masa.*

1 Ponga un poco de mantequilla en la sartén y caliéntela a fuego moderado hasta que empiece a espumar. Quite el exceso de mantequilla derretida y vierta un pequeño cucharón de la masa en el centro de la sartén.

2 Incline la sartén para que la masa se extienda por toda la base hasta los bordes y añada más si fuese necesario.

3 Cueza durante un minuto, hasta que la parte inferior se dore y aparezcan burbujas. Despéguela y déle la vuelta con una espátula.

4 Cuézala por el otro lado entre 30 segundos y un minuto, sáquela dándole la vuelta, con la primera cara hacia abajo.

CIGARRILLOS

CUADRADOS

ABANICOS

## BUDINES DE YORKSHIRE

*Para hacer budines crujientes y ligeros, utilice grasa muy caliente; de lo contrario, no subirán.*

Ponga ½ cucharadita de grasa vegetal o aceite en cada recipiente del molde y caliéntela a 220 °C hasta que esté muy caliente, casi humeando. Vierta la masa y hornéela de 20 a 25 minutos.

## TORTITAS

*Las tortitas típicas americanas miden unos 10 cm de diámetro. También son muy populares las de la fotografía que tienen el tamaño más pequeño y que, como las tortas escocesas, miden 5 cm de diámetro. Cuézalas sobre una plancha o sartén de fondo grueso. Compruebe la temperatura de la sartén rociándola con un poco de agua; ha de evaporarse de inmediato. Engrásela ligeramente antes de verter la masa.*

1 Haga la masa (*véase* recuadro de la derecha). Ponga cucharadas de masa sobre la plancha caliente bien separadas.

2 Cuézalas hasta que los bordes estén dorados y la parte superior empiece a burbujear. Déles la vuelta con una espátula y cuézalas hasta que estén doradas.

### TRUCOS DE COCINERO

#### CÓMO HACER UNA MASA HOMOGÉNEA

*Si hace la masa a mano, mezcle la harina y los huevos con una batidora de varillas y añada el líquido poco a poco. Si se hacen grumos, tamice la masa. Un método que nunca falla es el de mezclar todos los ingredientes con una batidora eléctrica; no necesita tamizarse.*

Después de preparar la masa a mano, pásela por un tamiz de malla fina para que quede bien homogénea.

Si quiere obtener una masa muy fina y sin grumos, mezcle todos los ingredientes con una batidora eléctrica durante un minuto.

## VARIACIONES SOBRE EL MISMO TEMA

*Se pueden hacer diferentes masas adaptando la receta de la masa básica de crêpes (véase recuadro de la página anterior). Es importante dejar que las masas reposen como mínimo 30 minutos para que los granos de almidón absorban el líquido.*

**MASA PARA EL BUDÍN DE YORKSHIRE**
Sustituya la harina de fuerza en vez de la normal empleada en la receta tradicional —como contiene más gluten la masa queda más elástica y sube mejor y de forma más estable. Es mejor utilizar una mezcla de agua y leche a partes iguales que sólo leche. El agua ayuda a aligerar la masa..

**MASA PARA TORTITAS COCIDAS SOBRE UNA PLANCHA**
Para hacer este tipo de tortitas se utiliza una masa espesa porque tiene que mantener su forma al cocerse sobre la plancha. Ponga 225 g de harina normal (casi el doble de la cantidad de harina utilizada en la receta de las *crêpes*) por cada 300 ml de líquido y añada 1-2 cucharadas de mantequilla derretida y 1-2 cucharaditas de levadura. La mantequilla enriquece la masa y la levadura la airea.

## FORMAS PARA LAS *CRÊPES*

Para hacer *crêpes* enrolladas o dobladas, ponga el relleno en el centro y prosiga:

- Para hacer cigarrillos, doble hacia dentro los dos extremos opuestos y enróllela, de un lado al otro.
- Para hacer cuadrados, doble por la mitad los dos extremos opuestos, doble los otros lados y dé la vuelta a la preparación.
- Para hacer abanicos, doble la *crêpe* por la mitad y luego vuélvala a doblar.

# Cómo escoger y utilizar los huevos

El huevo es uno de los ingredientes más útiles y valiosos de la cocina; muchas recetas no se podrían realizar sin sus cualidades para airear, espesar y emulsionar.

### Huevos de granja

En muchos países la mayoría de los huevos los ponen las gallinas en jaulas. Para que se consideren de granja, las aves han de estar sueltas y poder comer diferentes plantas, por ejemplo, hierba y maíz. Aunque tienen más libertad, estas gallinas sufren más problemas a causa de las condiciones meteorológicas y los predadores y, por lo tanto, son un poco más caras.

### Color de la cáscara

El color de la cáscara de un huevo depende de la clase de ave y del tipo de alimentación. Pueden ser desde moteados (huevo de codorniz) hasta azules (huevo de pato). Los más utilizados son los de gallina que son blancos o morenos; saben igual, la diferencia de color no afecta al sabor.

**En la dirección de las agujas del reloj, desde inferior izquierda:** huevo de pato (color marfil); huevo de pato (azul); huevo de gallina (blanco); huevo de pollo (pequeño y marrón); huevo de gallina (marrón); huevo de codorniz (pequeño y con manchas).

## Cómo comprobar si están frescos

*Primero hay que comprobar la fecha de caducidad. Si no la tuviese, ponga el huevo en agua como vemos en la fotografía. A medida que el huevo envejece, pierde agua a través de la cáscara y las bolsas de aire se agrandan, por lo tanto, cuanto más viejo sea, menos pesará.*

El huevo fresco pesa por su alto contenido de agua. Cuando un huevo está fresco, al introducirlo en un vaso de agua se asienta horizontalmente en su base.

En un huevo un poco menos fresco, las bolsas de aire se empiezan a agrandar y el huevo flota verticalmente con la punta en la base del vaso.

Un huevo viejo y pasado contiene demasiado aire y flota en la superficie del agua. No lo utilice.

## Separar la yema de la clara

*Es más fácil separar la yema de la clara si el huevo está frío y, además, hay menos posibilidades de que la yema se mezcle con la clara. La clara no se bate bien si tiene un poquito de yema.*

**Con la mano**

Casque el huevo y póngalo en un recipiente, cójalo y póngaselo en la mano para que la clara se vaya escurriendo entre los dedos.

**Con la cáscara**

Parta la cáscara del huevo por la mitad. Pase la yema de un trozo al otro de la cáscara hasta que la clara caiga en el cuenco.

## Primero la seguridad

- Utilice huevos que no hayan caducado.
- La bacteria de la salmonela puede penetrar en el huevo a través de grietas en la cáscara, por lo tanto, hay que comprar huevos con la cáscara limpia y sin roturas.
- Antes y después de manipular huevos, lávese las manos.
- Las personas mayores que tengan alguna enfermedad, las mujeres embarazadas, los bebés y los niños tienen más facilidad de contraer la salmonela. No deben tomar huevos crudos ni alimentos que los contengan.
- Es importante guisar bien los huevos, pues el calor destruye la salmonela.

TRUCOS DE COCINERO

## Cómo incorporar los hilos de albúmina

*La yema de huevo está unida a la clara por gruesos hilos de albúmina. Estos hilos deben tamizarse o mezclarse con las claras, para ayudar a estabilizar la espuma.*

**Tamizar**
Pase la clara de huevo por un tamiz de malla fina colocado sobre un cuenco y con una cuchara rompa los hilos.

**Mezclar**
Ponga las claras de huevo en un cuenco y con unos palillos o un tenedor levántelas y rompa los hilos de albúmina.

## Cómo almacenar los huevos

- Póngalos de inmediato en el frigorífico.
- Déjelos en su caja para que no estén en contacto con olores fuertes.
- Guárdelos con la punta para abajo para que las yemas queden centradas.
- Las yemas y las claras o los huevos enteros sin cáscara se han de guardar en recipientes herméticamente cerrados. Las claras se conservan 1 semana y las yemas y los huevos enteros hasta 2 días.
- Consuma los alimentos que contengan huevo como máximo a los 2 días de haberlos guisado.
- Los huevos duros con la cáscara se conservan 1 semana.

## Cómo batir las claras

*Para conseguir más volumen y estabilidad, antes de batir las claras póngalas en un recipiente tapado y déjelas reposar a temperatura ambiente durante 1 hora. Tanto si las bate a mano como con una batidora eléctrica, asegúrese de que los utensilios no tienen grasa y de que el recipiente es lo bastante hondo para contener las claras batidas.*

### A mano

Ponga las claras en un cuenco de vidrio o de metal. Bata desde la base de la fuente hacia arriba con un movimiento circular. Para conseguir más volumen, utilice una batidora de varillas más grande.

### Con batidora

Coloque en la batidora el accesorio para batir, empiece a batir lentamente para romper las claras y, a medida que van espesando, aumente la velocidad. Una pizca de sal suaviza la albúmina y facilita el proceso.

## Glaseado de huevo

*Para conferir un color dorado y brillante al pan o a los pasteles, antes de hornearlos se glasean pincelándolos con una mezcla de yemas y agua.*

Mezcle 1 yema de huevo con 1 cucharada de agua y una pizca de sal. Bata con un tenedor hasta que esté todo bien mezclado. Con un pincel, extienda la mezcla sobre el pan o los pasteles antes de hornearlos.

## Valor nutritivo de los huevos

Los huevos son una valiosa fuente de proteínas (un huevo grande contiene entre un 12 % y un 15 % de la cantidad de proteína diaria recomendada para un adulto) que proporcionan todos los aminoácidos esenciales que necesita el organismo.

También contienen hierro, yodo y calcio y las vitaminas A, B, D, E y K. En realidad, la única vitamina que no tienen es la C.

Tienen pocas calorías, aproximadamente unas 75 por huevo. Antes se aconsejaba una cantidad limitada de huevos a la semana por su contenido en colesterol, pero recientes investigaciones han demostrado que la causa principal de un nivel alto de colesterol en la sangre es el consumo diario de grasas saturadas. Por lo tanto, a pesar de que un huevo contiene 213 mg de colesterol, todos en la yema, el nivel de grasas saturadas es muy bajo.

Aunque el consumo de huevos se limita en algunas dietas especiales, en la actualidad se aconseja a los adultos un consumo de 2 a 3 huevos semanales.

# TOQUES DECORATIVOS

Las guarniciones hacen que los postres queden espectaculares. Éstas deben prepararse con antelación para que tengan tiempo de solidificarse. Las formas imaginativas de chocolate dan a los pasteles un toque profesional. Los nidos de caramelo y las pastas crujientes decoran *parfaits*, mientras que los cestitos de teja albergan helados o frutas. Para equilibrar sabores pronunciados, utilice cáscara de cítricos confitada.

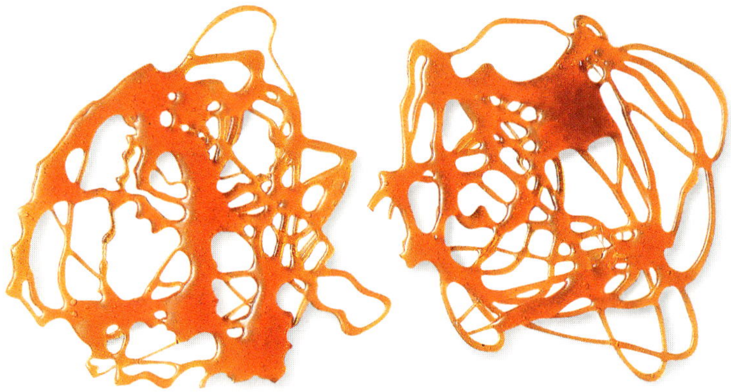

### HOJAS DE ROSA DE CHOCOLATE

Limpie las hojas con un lienzo húmedo y séquelas. Derrita 300 g del chocolate de su elección. Sujete la hoja y aplique una capa gruesa de chocolate por un lado de la hoja; queda mejor el envés. Póngalas en la nevera hasta que el chocolate esté compacto; separe la hoja del chocolate.

### FORMAS DE CARAMELO

Prepare un almíbar denso y cuézalo hasta que esté a punto de caramelo. Cubra una placa de hornear con papel sulfurizado aceitado. Coja una cuchara de caramelo y déjelo caer sobre el papel desde la punta de la cuchara. Deje enfriar las formas y sáquelas del papel.

### CHOCOLATE ESPOLVOREADO CON AZÚCAR Y CHOCOLATE

Haga formas de chocolate. Ponga un poco de azúcar lustre en un tamiz y espolvoréelo sobre las formas. Ponga un poco de cacao en polvo en otro tamiz y espolvoréelo sobre el azúcar lustre. Puede variar el efecto espolvoreando primero el cacao y después el azúcar.

### COPOS DE CHOCOLATE

Sujete con una mano un trozo de chocolate blanco o negro a temperatura ambiente y pase un mondador por el borde para hacer copos. Para obtener los mejores resultados, utilice chocolate con un bajo contenido de manteca de cacao o chocolate de pastelero.

## Cestitos de teja

1 Prepare una pasta para estarcir (*véase* página 38). Cubra una placa de hornear con papel sulfurizado y extienda 1 cucharada de pasta dándole forma de sol.

2 Hornee 4 formas a la vez a 180 °C hasta que los bordes se doren, de 5 a 8 minutos. Póngalas en un cuenco y llévelas hacia abajo con un cortapastas. Para 16.

## Cigarrillos de chocolate

1 Extienda 300 g de cobertura de chocolate modificada sobre el dorso de una placa de hornear. Una vez solidificado, pase la mano por la superficie para calentarla.

2 Sujete la placa y deslice una rasqueta por debajo del chocolate para formar cigarrillos. Para unos 30.

## Cáscara de lima confitada

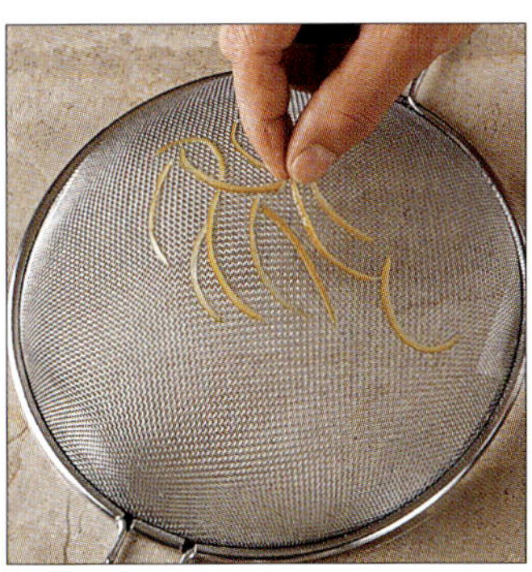

1 Cueza cáscaras de lima en almíbar, 10 minutos. Agregue 100 g de azúcar y cueza a fuego lento 20 minutos. Escurra y deje solidificar.

2 Una vez que el almíbar se ha solidificado, pase las tiras por azúcar refinado y póngalas sobre una hoja de papel sulfurizado para que se endurezcan.

## Triángulos de granadilla

1 Añada 60 g de semillas de granadillas a una pasta para estarcir (*véase* página 38). Extiéndala sobre una plantilla y quite la plantilla. Repita la operación.

2 Hornee las formas de seis en seis a 180 °C hasta que los bordes estén dorados, de 5 a 8 minutos. Póngalas sobre un rodillo engrasado. Déjelas secar. Para 12.

# TABLAS DE MEDIDAS

Las medidas exactas son cruciales para elaborar un plato con éxito. Las siguientes tablas son una referencia rápida y fácil para conocer las temperaturas del horno y convertir las unidades de los ingredientes y los utensilios.

## Temperaturas del horno

| Celsius | Fahrenheit | Gas | Descripción |
|---|---|---|---|
| 110 °C | 225 °F | ¼ | Frío |
| 120 °C | 250 °F | ½ | Frío |
| 140 °C | 275 °F | 1 | Muy bajo |
| 150 °C | 300 °F | 2 | Muy bajo |
| 160 °C | 325 °F | 3 | Bajo |
| 170 °C | 335 °F | 3 | Moderado |
| 180 °C | 350 °F | 4 | Moderado |
| 190 °C | 375 °F | 5 | Moderadamente caliente |
| 200 °C | 400 °F | 6 | Caliente |
| 220 °C | 425 °F | 7 | Caliente |
| 230 °C | 450 °F | 8 | Muy caliente |

## Tazas americanas

| Tazas | Métrico |
|---|---|
| ¼ taza | 60 ml |
| ⅓ taza | 70 ml |
| ½ taza | 125 ml |
| ⅔ taza | 150 ml |
| ¾ taza | 175 ml |
| 1 taza | 250 ml |
| 1½ tazas | 375 ml |
| 2 tazas | 500 ml |
| 3 tazas | 750 ml |
| 4 tazas | 1 litro |
| 6 tazas | 1,5 litros |

## Cucharadas

| Métricas | Imperiales |
|---|---|
| 1,25 ml | ¼ cucharadita |
| 2,5 ml | ½ cucharadita |
| 5 ml | 1 cucharadita |
| 10 ml | 2 cucharaditas |
| 15 ml | 3 cucharaditas |
| 30 ml | 2 cucharadas |
| 45 ml | 3 cucharadas |
| 60 ml | 4 cucharadas |
| 75 ml | 5 cucharadas |
| 90 ml | 6 cucharadas |

## Volumen

| Métrico | Imperial | Métrico | Imperial | Métrico | Imperial |
|---|---|---|---|---|---|
| 25 ml | 1 onza | 300 ml | 10 onzas/½ pinta | 1 litro | 1¾ pintas |
| 50 ml | 2 onzas | 350 ml | 12 onzas | 1,2 litros | 2 pintas |
| 75 ml | 2½ onzas | 400 ml | 14 onzas | 1,3 litros | 2¼ pintas |
| 100 ml | 3½ onzas | 425 ml | 15 onzas/¾ pinta | 1,4 litros | 2½ pintas |
| 125 ml | 4 onzas | 450 ml | 16 onzas | 1,5 litros | 2¾ pintas |
| 150 ml | 5 onzas/¼ pinta | 500 ml | 18 onzas | 1,7 litros | 3 pintas |
| 175 ml | 6 onzas | 568 ml | 20 onzas | 2 litros | 3½ pintas |
| 200 ml | 7 onzas/⅓ pinta | 600 ml | 1 pinta | 2,5 litros | 4½ pintas |
| 225 ml | 8 onzas | 700 ml | 1¼ pintas | 2,8 litros | 5 pintas |
| 250 ml | 9 onzas | 850 ml | 1½ pintas | 3 litros | 5¼ pintas |

## Peso

| Métrico | Imperial | Métrico | Imperial |
|---|---|---|---|
| 5 g | ⅛ onza | 325 g | 11½ onzas |
| 10 g | ¼ onza | 350 g | 12 onzas |
| 15 g | ½ onza | 375 g | 13 onzas |
| 20 g | ¾ onza | 400 g | 14 onzas |
| 25 g | 1 onza | 425 g | 15 onzas |
| 35 g | 1¼ onzas | 450 g | 1 libra |
| 40 g | 1½ onzas | 500 g | 1 libra 2 onzas |
| 50 g | 1¾ onzas | 550 g | 1 libra 4 onzas |
| 55 g | 2 onzas | 600 g | 1 libra 5 onzas |
| 60 g | 2¼ onzas | 650 g | 1 libra 7 onzas |
| 70 g | 2½ onzas | 700 g | 1 libra 9 onzas |
| 75 g | 2¾ onzas | 750 g | 1 libra 10 onzas |
| 85 g | 3 onzas | 800 g | 1 libra 12 onzas |
| 90 g | 3¼ onzas | 850 g | 1 libra 14 onzas |
| 100 g | 3½ onzas | 900 g | 2 libras |
| 115 g | 4 onzas | 950 g | 2 libras 2 onzas |
| 125 g | 4½ onzas | 1 kg | 2 libras 4 onzas |
| 140 g | 5 onzas | 1,25 kg | 2 libras 12 onzas |
| 150 g | 5½ onzas | 1,3 kg | 3 libras |
| 175 g | 6 onzas | 1,5 kg | 3 libras 5 onzas |
| 200 g | 7 onzas | 1,6 kg | 3 libras 8 onzas |
| 225 g | 8 onzas | 1,8 kg | 4 libras |
| 250 g | 9 onzas | 2 kg | 4 libras 8 onzas |
| 275 g | 9¾ onzas | 2,25 kg | 5 libras |
| 280 g | 10 onzas | 2,5 kg | 5 libras 8 onzas |
| 300 g | 10½ onzas | 2,7 kg | 6 libras |
| 315 g | 11 onzas | 3 kg | 6 libras 8 onzas |

## Medidas de longitud

| Métrico | Imperial | Métrico | Imperial |
|---|---|---|---|
| 2 mm | 1/16 pulgada | 17 cm | 6½ pulgadas |
| 3 mm | ⅛ pulgada | 18 cm | 7 pulgadas |
| 5 mm | ¼ pulgada | 19 cm | 7½ pulgadas |
| 8 mm | ⅜ pulgada | 20 cm | 8 pulgadas |
| 10 mm/1 cm | ½ pulgada | 22 cm | 8½ pulgadas |
| 1,5 cm | ⅝ pulgada | 23 cm | 9 pulgadas |
| 2 cm | ¾ pulgada | 24 cm | 9½ pulgadas |
| 2,5 cm | 1 pulgada | 25 cm | 10 pulgadas |
| 3 cm | 1¼ pulgadas | 26 cm | 10½ pulgadas |
| 4 cm | 1½ pulgadas | 27 cm | 10¾ pulgadas |
| 4,5 cm | 1¾ pulgadas | 28 cm | 11 pulgadas |
| 5 cm | 2 pulgadas | 29 cm | 11½ pulgadas |
| 5,5 cm | 2¼ pulgadas | 30 cm | 12 pulgadas |
| 6 cm | 2½ pulgadas | 31 cm | 12½ pulgadas |
| 7 cm | 2¾ pulgadas | 33 cm | 13 pulgadas |
| 7,5 cm | 3 pulgadas | 34 cm | 13½ pulgadas |
| 8 cm | 3¼ pulgadas | 35 cm | 14 pulgadas |
| 9 cm | 3½ pulgadas | 37 cm | 14½ pulgadas |
| 9,5 cm | 3¾ pulgadas | 38 cm | 15 pulgadas |
| 10 cm | 4 pulgadas | 39 cm | 15½ pulgadas |
| 11 cm | 4¼ pulgadas | 40 cm | 16 pulgadas |
| 12 cm | 4½ pulgadas | 42 cm | 16½ pulgadas |
| 12,5 cm | 4¾ pulgadas | 43 cm | 17 pulgadas |
| 13 cm | 5 pulgadas | 44 cm | 17½ pulgadas |
| 14 cm | 5½ pulgadas | 46 cm | 18 pulgadas |
| 15 cm | 6 pulgadas | 48 cm | 19 pulgadas |
| 16 cm | 6¼ pulgadas | 50 cm | 20 pulgadas |

# Índice